ROYAL HORTICULTURAL SOCIETY

GÄRTNERN IM TOPF

OBST UND GEMÜSE SELBST ANBAUEN UND GENIESSEN

DK

Inhalt

INSPIRIERENDE GENÜSSE

PLANUNG UND VORBEREITUNG

GÄRTNERWISSEN

ROYAL HORTICULTURAL SOCIETY

GÄRTNERN IM TOPF

DK | Penguin Random House

Redaktionsleitung Mary Ling
Cheflektorat Penny Warren
Lektorat Chauney Dunford
Projektbetreuung Emma Callery
Art Director Jane Bull
Bildredaktion Alison Donovan, Alison Shackleton
Herstellung Tony Phipps, George Nimmo, Seyhan Esen

RHS Redaktionsleitung Rae Spencer-Jones
RHS Redaktion Simon Maughan

Für die deutsche Ausgabe:
Programmleitung Monika Schlitzer
Projektbetreuung Manuela Stern
Herstellungsleitung Dorothee Whittaker
Herstellungskoordination Katharina Dürmeier
Herstellung und Umschlaggestaltung Inga Reinke

Titel der englischen Originalausgabe:
Grow Fruit & Veg in Pots

Übersetzung Reinhard Ferstl
Lektorat Sabine Drobik, Agnes Pahler

ISBN 978-3-8310-2538-1

Printed and bound in China

Besuchen Sie uns im Internet
www.dorlingkindersley.de

GEMÜSE IN TÖPFEN

OBST IN TÖPFEN

PROBLEME LÖSEN

INSPIRIERENDE GENÜSSE

Obst, Gemüse und Kräuter können auch in kleinen Töpfen wachsen und sie passen in jeden Garten – ganz gleich, wie groß er ist und in welchem Stil Sie ihn gestaltet haben. Gefäße bieten außerdem eine hervorragende Gelegenheit, den Garten mit ungewöhnlichen Pflanzungen zu bereichern. Dieses Kapitel enthält eine Fülle von Ideen für die Gestaltung eines individuellen Topfgartens, der ein Fest für die Augen und den Magen zugleich ist!

Für jedes Obst und Gemüse *gibt es das passende Gefäß. Durch geschicktes Kombinieren schafft man ebenso dekorative wie wandlungsfähige Ensembles. Genießen Sie das üppige Laub, die schönen Blüten und juwelengleichen Früchte, aber auch die besonderen Wurzeln Ihrer Pflanzen – im Topf wie auf dem Teller!*

Töpfe auf Balkon und Terrasse

Wenn Sie Ihr Obst und Gemüse in hübsche, originelle Gefäße setzen, werden Balkon und Terrasse farbenfroher und bescheren Ihnen eine reiche Ernte. Wer kreativ denkt, kann selbst senkrechte Flächen und Winkel, die scheinbar zu nichts zu gebrauchen sind, nutzen. Eine alte Trittleiter etwa schafft auf kleinstem Raum viel Stellfläche, wenn man Kirschtomaten oder Erdbeeren auf den Stufen platziert und Bohnen bzw. Zucchini an ihrem Rahmen hochklettern lässt.

Lückenfüller

Machen Sie Ihre Terrasse zum Obst- und Gemüseparadies. Senkrechte Flächen werden oft vergessen, doch kann man beispielsweise Beeren hervorragend an Wänden und anderen Begrenzungen ziehen. Hier entwickeln sie sich prächtig, ohne viel Platz einzunehmen, und sehen obendrein sehr dekorativ aus. Zitrusbäume mögen sonnige Plätzchen und bringen Urlaubsstimmung auf die Sommerterrasse. In der kalten Jahreszeit stellt man sie nach drinnen und bringt sie im Frühjahr wieder hinaus. Auch andere Obstbäume, wie Pfirsiche und Feigen, mögen es sonnig, können aber in milden Gegenden an geschützten Plätzen draußen bleiben.

Oben: ***Obstbäumchen*** *sind eine ebenso hübsche wie nützliche Bereicherung der Terrassenlandschaft. An Wänden finden sie oft die geschützten, warmen Bedingungen, die sie brauchen. Wichtig ist aber gutes Wässern.*

Rechts: ***Zitrusgehölze*** *sind attraktive Terrassenbewohner, vor allem wenn sie Früchte tragen. Die Topfkultur hat einen weiteren Vorteil: Im Winter kann man seine Exoten problemlos vor der Kälte nach drinnen retten.*

Ganz oben: ***Auf dieser Terrasse*** *reift ein stattliches Angebot heran. Die Blattsalate sind bereits erntereif, während die anderen Köstlichkeiten noch etwas Zeit brauchen. Bei guter Planung kann man fast ganzjährig Gutes genießen.*

Oben: ***Salate*** *haben gegen ausgemusterte Getränkekartons oder Plastikbehälter nichts einzuwenden. Sie wurzeln flach und stellen daher keine großen Ansprüche an ein Gefäß, solange es Abzugslöcher am Boden hat.*

Vielfalt ist Trumpf

Ganzjährig zu ernten ist von unschätzbarem Vorteil – das sollten Sie bei der Planung Ihrer Topflandschaft beherzigen. Eine Kombination mehrerer Pflücksalate sieht neben Kapuzinerkresse gut aus und ist schon nach sechs Wochen erntereif. Säen Sie vom Frühjahr bis zum Herbst alle zwei Wochen einen Posten, damit Sie kontinuierlich versorgt werden. Knollensellerie steht zwar erst im Herbst zur Verfügung, seine großen Blätter machen aber schon vorher optisch etwas her. Damit die Terrasse auch im Winter ansehnlich bleibt, kann man sie mit immergrünen Kräutern, wie Rosmarin, oder Gemüse, wie Grünkohl, bestücken. Um eine große Auswahl parat zu haben, müssen Sie jede freie Fläche und jedes Gefäß nutzen. Der Aufwand lohnt sich aber auf jeden Fall.

Töpfe im Garten

Töpfe strukturieren Gärten und geben ihnen eine stilistische Richtung. Gleichzeitig sind sie eine zusätzliche Nutzfläche. Wer nährstoffarme Böden auf seinem Grundstück hat oder Pflanzen kultivieren möchte, die ein besonderes Substrat brauchen, etwa Limettenbäume, fährt mit Gefäßen oft am besten. Damit das Ensemble aus Pflanze und Topf optimale Schmuckwirkung entfaltet, sollte man Farbe und Form der Gefäße und ihrer »Bewohner« mit Bedacht auswählen.

Oben: ***Eine »lebende Skulptur«****, ob rein dekorativ oder mit kulinarischem Nutzwert, ziert jeden Garten. Wer für Abwechslung sorgen möchte, zieht Petersilie und Thymian oder einen Mix aus Blattsalaten in solchen Töpfen. Kleine Gefäße trocknen rasch aus und müssen daher fast täglich gegossen werden.*

Rechts: ***Die Form von Töpfen*** *kann in ihrer Bedeutung nicht hoch genug eingeschätzt werden. Sie hat einen wichtigen strukturierenden Einfluss auf den Garten. Besonders augenfällig sind Gefäße in modernem Design, wenn man sie so bepflanzt, dass sie vor Nutzpflanzen förmlich überquellen.*

Struktur

Obst- und Gemüsesolitäre im Topf kann man einzeln in dauerhaften Rabatten zum Einsatz bringen. Sie lassen sich aber auch zu Gruppen arrangieren, die uns schon beim bloßen Ansehen den Mund wässrig machen. Durch kreatives Planen macht man aus Gärten elegante, ertragreiche Pflanzenparadiese.

Mehr Pflanzen bringt man in einem Garten allein dadurch unter, dass man beispielsweise Töpfe an den Pfosten von Pergolen befestigt. Gerade Erdbeeren eignen sich für eine Kultur in solch luftiger Höhe: Wenn die Früchte in Augenhöhe über den Topfrand hängen, laden sie zum Naschen ein. Gleichzeitig kommen Schnecken und Vögel viel schwerer an sie heran.

Blickfang

Nutzpflanzen behaupten sich sogar in Blumenrabatten. Mit ihren Farben und Formen ergänzen sie benachbarte Ziergewächse. Silbrig blaue Kohlrabiblätter und panaschierte Minze etwa heben sich reizvoll gegen das dunkelgrüne Laub von Sträuchern ab. Noch stärker betont man Obst und Gemüse, indem man Gefäße in leuchtenden Farben wählt, die mit den Pflanzen harmonieren oder einen Kontrapunkt zu ihnen setzen.

Das Verteilen von Obst- und Gemüsetöpfen zwischen Blumen hat aber auch noch einen weiteren Vorteil. Die vielen Blüten drumherum machen es Schädlingen schwer, die Nutzpflanzen zu finden. Gleichzeitig locken sie Bestäuber an, die manchmal die Voraussetzung für einen guten Ertrag sind.

Oben: ***In diesem großen****, zwischen Stauden eingebetteten Kübel gedeihen Brombeeren. Sowohl die leuchtenden Früchte als auch der Topf werten die Rabatte sichtlich auf.*

Links: ***Noch mehr Wirkung*** *zeigen Topfgruppen mit Gemüse und Kräutern. Das Miteinander der verschiedenen Laubfarben und -formen ist optisch ansprechend – und macht Appetit!*

Kein Platz? Gibt`s nicht!

Für ein, zwei Töpfe ist selbst im kleinsten Winkel noch Platz. Gefäße, die vor Gemüse, Obst und Kräutern überquellen, bereichern sonnige Terrassen, Balkone und Fensterbänke mit viel Farbe und leicht zu erntenden Leckereien. Wenn Sie sogar vertikale Flächen nutzen, müssen Sie die Gefäße dort allerdings sicher befestigen.

Kreative Raumnutzung

Wer nur wenig Platz für die Kultur von Gemüse, Kräutern und Obst zur Verfügung hat, braucht gute Ideen, um den knappen Raum zu erweitern. Eine Reihe aus hohen Stangenbohnen gibt den perfekten Sichtschutz für kleine Hinterhöfe oder Balkone ab. Rustikale Holzkästen sind einfach zu bauen und lassen sich für jede Fensterbank maßschneidern. Man schlägt sie mit Folie aus, in die man unten Löcher gestochen hat, damit Wasser abfließen kann, und besetzt sie mit Blütenkräutern und Blattsalaten. Ein Kupferband um den Kasten hält Schnecken fern.

Oben: ***Niedriger*** *Thymian mit violetten Blüten, Gold-Majoran und hoher Estragon sind das Dream-Team für eine sonnige Fensterbank. Nach der Blüte schneidet man sie zurück, damit sie kräftig und gesund bleiben.*

Rechts: ***Stangenbohnen*** *positioniert man gruppenweise, damit eine gute Bestäubung garantiert ist. Sie gehören in große Töpfe und müssen gründlich gewässert werden, damit sie im Sommer reichlich köstliche Hülsen liefern.*

Hoch hinaus

Pflanzsysteme für die Wand sind tolle Raumsparlösungen – ein grüner Wandteppich aus Laub und Früchten sieht herrlich aus und eignet sich bestens für Innenhof oder Terrasse. Nach dem Pflanzen gießt und düngt man von Hand oder lässt ein Bewässerungssystem die Arbeit erledigen.

Hoch droben auf Balkonen sind Beerenpflanzen in stilvollen Töpfen gut aufgehoben. Ein Team aus Erdbeeren und Johannisbeeren liefert im Sommer und Herbst monatelang himmlische Naschereien. Johannisbeeren wachsen rasch und geben hübsche Solitäre ab, bewähren sich aber auch als niedriger Sichtschutz und Begrenzung.

Oben: ***Erdbeeren*** *kommen selbst dann noch zurecht, wenn es eng wird, sie brauchen aber viel Licht. Auch Schwarze und Rote Johannisbeeren sind gut für Töpfe. Die Ruten stachelloser Brombeersorten sehen an Rankgittern umwerfend aus.*

Links: ***Spezielle*** *Gewebetaschen lassen sich sicher an einer Rahmenkonstruktion an der Wand befestigen, mit Substrat füllen und beliebig bepflanzen.*

Minibeete

Farbe, Struktur und reichlich Früchte in Hochbeeten und Pflanzkästen sind auf sonnigen Terrassen immer willkommen. Mit den folgenden Ideen kann man den vorhandenen Raum clever nutzen. Gibt es etwas Schöneres, als Obst und Gemüse frisch von der Pflanze zu zupfen, um es frisch zu verspeisen oder gleich in der Küche zu verwerten? Sie brauchen sich nicht auf Gefäße am Boden zu beschränken: Verzinkte Wandgefäße machen Ihren Terrassengarten noch vielseitiger.

Hochbeete

Wärmeliebende Gewächse gedeihen in Hochbeeten vor einer Südmauer prächtig. Zu diesen Sonnenanbetern gehören Chilis, Paprika und Auberginen, die man ansonsten nur im Gewächshaus oder drinnen auf dem Fensterbrett erfolgreich zur Reife bringen kann. Ideal ist als Hintergrund eine Ziegelmauer, denn tagsüber reflektiert sie einen Teil der Wärme und nachts gibt sie gespeicherte Wärme ab, sodass davor sogar Exoten in unserem gemäßigten Klima gedeihen. Zudem eignet sich ein solch mildes Plätzchen für frühe Aussaaten, da das Substrat in Hochbeeten verglichen mit Freilandböden relativ warm ist.

Oben: ***Bepflanzen Sie*** *Hochbeete mit Blattsalaten, Auberginen und Erbsen. Sie reifen rasch heran und tragen reichlich, sofern man sie fleißig wässert.*

Rechts: ***Befindet sich*** *ein Hochbeet vor einer sonnigen Wand, können dort durchaus noch andere Pflanzen wachsen. Stellen Sie kleinere Töpfe mit wärmeliebendem Gemüse, wie Stielmangold und Tomaten, davor, um den vorhandenen Raum optimal zu nutzen.*

Ganz oben: ***Flechtkörbe*** *sind dekorative Behälter für die eher praktischen als schönen Pflanzsäcke und verbreiten heimeliges Bauerngartenflair auf zwanglos-natürlich gestalteten Terrassen.*

Oben: ***Mit kleineren Pflanzsäcken*** *kann man selbst ungünstige Vertiefungen füllen, etwa Lücken zwischen gepflasterten Bereichen. So wird jeder Quadratzentimeter Raum optimal genutzt.*

Pflanzsäcke

Pflanzsäcke aus kunststoffbeschichtetem Gewebe lassen sich ausgezeichnet als Hochbeet nutzen. Sie eignen sich besonders für kleine Höfe und Terrassen, wo Platz Mangelware ist und Obst oder Gemüse lediglich im Sommer gezogen wird. Die robusten Behältnisse lassen sich bei Bedarf problemlos umräumen und verstauen. Sie sind in den verschiedensten Größen erhältlich. Viele haben vorgestanzte Abzugslöcher – falls nicht, muss man sie stechen.

Setzen Sie Blattgemüse zwischen hohe Gewächse, wie beispielsweise Mais, kletternde Kürbissorten und Bohnen. Für kleinere Säcke sind Kräuter und bunte Blattsalate eine gute Wahl. In der Regel sind die Säcke auch tief genug für mehrere Tomaten- oder Paprikapflanzen.

Kombination mit Blüten

Obwohl Obst und Gemüse für sich genommen schon viel hermachen, wirken sie im Verbund mit Ziergewächsen noch dekorativer. Pflanzen Sie in Ihre Topfarrangements daher auch ein paar essbare Blüten. Kapuzinerkresse, Ringelblumen und Veilchen schmecken so gut, wie sie aussehen. Kräuter, wie Thymian, Majoran und Schnittlauch, bieten sogar duftende Blüten und aromatisches Laub im Doppelpack.

Farbakzente

Blühende Kräuter und Sommerblumen, wie Salbei und Verbenen, beseelen Topfarrangements und Hochbeete mit Farbakzenten. Beide mögen es vollsonnig und werden jährlich frisch gepflanzt, sodass immer wieder neue Kombinationen möglich sind. Zudem ergänzen sie mit ihren lebhaften Farben Blatt- und Fruchtgemüse gleichermaßen. Duftende Studentenblumen (*Tagetes*) wiederum schrecken sogar Schädlinge ab. Soll eine Pflanzung höher ausfallen, macht man mit einer Kombination aus Duft-Wicken oder anderen einjährigen Kletterern und Stangenbohnen nichts falsch.

Die Erde in Töpfen mit Obstgehölzen, wie Feigenbäumen oder Brombeeren, lässt sich im Winter mit dem farbenfrohen Laub immergrüner *Heuchera* stilvoll kaschieren.

Oben: ***Schopf-Lavendel*** (Lavandula stoechas) *greift die Form der Maispflanzen im Hintergrund auf und bildet obendrein einen Kontrast zu dem recht unscheinbaren Laub der Kartoffeln.*

Links: ***Eine Wiese zum Essen*** *wird auf dieser Tafel kredenzt. Der mit Kräutern, Blattsalaten und schmackhaften Blüten bepflanzte Kasten ist in den Tisch eingelassen, kann aber auch darauf platziert werden.*

Naturnah

Obst und Blütenpflanzen in einem rustikalen Gefäß einträchtig Seite an Seite – natürlicher lässt sich ein Topfarrangement kaum gestalten. Den Rand kann man mit Wald-Erdbeeren säumen, deren weiße Blüten und winzige Früchte keck unter dem höheren Gemüse hervorspitzen. Sie vertragen im Gegensatz zu anderen Erdbeerformen den Schatten ihrer Nachbarn. Größere Obstgehölze, die mehrere Jahre in ihrem Topf bleiben, peppt man mit dekorativen Stauden auf. Die zeitliche Lücke zwischen Blüte und Fruchtansatz kann mit blauer Katzenminze (*Nepeta*) oder einem Teppich aus rosafarbenem *Geranium cinereum* gekonnt überbrückt werden.

Links: ***Studentenblumen in Gelborange*** *setzen einen bezaubernden Kontrapunkt zu Grüntönen und bringen Schwung in das Ensemble aus Kräutern, Bohnen und Erbsen links und hinter ihnen.*

Unten: ***Die Farben*** *der naturnahen Gruppe aus Wald-Erdbeeren, Mädchenaugen und rosafarbenen Fleißigen Lieschen tun den grauen Kisten gut.*

Schmackhaftes unter Glas

Selbst das kleinste Frühbeet oder Gewächshaus kann die Erträge in Ihrem Garten enorm erhöhen. Unter Glas sind frühere Aussaaten ebenso möglich wie eine spätere Ernte. Allerdings sollten Sie die Pflanzen immer gut im Auge behalten, denn intensive Sonne kann das Laub versengen und die Temperaturen in die Höhe treiben. Dagegen helfen gute Belüftung und Schattenspender, die man im späten Frühjahr installiert und im Frühherbst wieder entfernt. Jalousien sind teuer, es gibt aber preiswertere Möglichkeiten, sein Grün zu schützen.

Warme Winkel nutzen

Selbst winzige Gewächshäuser lassen sich so mit Gemüse füllen, dass jedes Fleckchen optimal genutzt ist. Über Kübeln mit Tomaten, Chilis und Auberginen dürfen ruhig ein, zwei Ampeln mit Erdbeeren schweben.

Frühbeete schützen ebenfalls vor Kälte und Nässe. Man platziert sie vor sonnigen Mauern oder an geschützten, hellen Plätzen im Garten. Eingesetzt werden sie zur Aussaat, aber auch, um Jungpflanzen abzuhärten oder Gewächse zu ziehen, die es besonders warm mögen, etwa Kürbisse.

Oben: ***Tagsüber wird der Deckel*** *von Frühbeeten aufgeklappt oder abgenommen, damit die Pflanzen Luft bekommen. Nachts schließt man ihn.*

Rechts: ***Im Sommer*** *sollten Türen und Fenster von Gewächshäusern schon am Morgen geöffnet werden, um die Luftzirkulation zu erhöhen, die Temperatur im Inneren zu senken und eine stickige Atmosphäre unter Glas zu vermeiden, da sie die Ausbreitung von Krankheiten begünstigt.*

Oben: ***Holzkisten*** *sind ein vielseitiger Lebensraum für Obst und Gemüse, denn sie lassen sich immer so arrangieren, dass der verfügbare Platz gut genutzt ist. Man kann sie in gerader Reihe oder, wie hier, versetzt anordnen.*

Oben: ***Anlehngewächshäuser*** *im Miniformat sind der ideale Schutz für empfindliches Obst und Gemüse, wenn Platz Mangelware ist. Sie haben oft höhenverstellbare Regale, sodass jeder Topf optimal positioniert werden kann.*

Kreative Raumnutzung

Bestens genutzt wird der Platz in kleinen Gewächshäusern durch das Stapeln von Töpfen auf Regalen und versetzten Stellagen. Hohe Gewächse, wie z.B. Gurken, müssen gut an ihre Stütze gebunden werden, damit sie immer genug Licht und Raum für ihre Früchte haben. Selbst die Fläche unter Stellagen lässt sich noch vollstellen, falls es dort nicht zu dunkel ist, beispielsweise mit Erdbeeren und Kräutern.

Im Kleingarten, auf dem Balkon oder auf einer Terrasse leisten Anlehngewächshäuser an einer sonnigen Wand gute Dienste. Einfache Modelle bestehen aus einem mit durchsichtiger Kunststofffolie bespannten Rohrgestell, teurere Ausführungen aus beschichteten Metall- oder Holzrahmen mit Regalen für Saatschalen und auch höhere Gewächse.

Perfekte Paarungen

Beim Kombinieren von Pflanzen und Töpfen für ein ausgewogenes Arrangement probiert man oft so lange aus, bis man zu einem zufriedenstellenden Ergebnis gelangt. Wer noch nicht so viel Erfahrung hat, kann sich mehrere Gefäße aus demselben Material anschaffen, die in einem geometrischen oder modernen Garten praktisch von selbst harmonieren. Eine scheinbar wahllos zusammengewürfelte Anordnung aus verschiedenen Formen, Abmessungen und Materialien ist ideal für Bauern- und naturnahe Gärten. Man kann die Töpfe nach ihrer Größe staffeln und damit eher formal-streng aufstellen oder locker gruppieren.

Oben: ***Kombinieren Sie*** *in modernen Gärten verzinkte Gefäße verschiedener Höhe und Breite zu einem Hochbeet der besonderen Art mit Schnittlauch, Paprika, Lauch, Erdbeeren und Tomaten.*

Rechts: ***Man schafft*** *eine stilistische Einheitlichkeit, wenn man ähnliche Töpfe im ganzen Garten verstreut aufstellt. Dadurch wird der Blick außerdem von einem Bereich zum anderen gelenkt.*

Materialien abstimmen

Eine einheitliche Gruppe von Töpfen aus dem gleichen Material ist in Höfen oder auf Terrassen mitunter ein außerordentlich wirkungsvoller Blickfang. In modernen Gärten kann man für seine Gefäße Farben und Designs wählen, die die Inneneinrichtung des Hauses aufgreifen und einen nahtlosen Übergang zwischen drinnen und draußen schaffen – oder alle Regeln über den Haufen werfen und Töpfe verwenden, die mit dem Wohnungsstil kontrastieren.

Durch identische Pflanzen und Gefäße in einer Reihe kann man Flächen teilen oder Elemente wie beispielsweise ein Tor einrahmen; hohe, elegante Gefäße eignen sich dafür besonders gut. Das Material muss aber zum Gartenstil passen.

Formen und Größen

Die Kombination mehrerer Materialien, Formen und Größen ist ideal für eine zwanglose, blütendominierte Umgebung. Man bringt Bewegung, Variation und Perspektive ins Spiel, indem man Gefäße nach ihrer Höhe gruppiert. Geeignet dafür sind z.B. ein Tisch, eine Bank oder sogar eine alte Leiter. Ein Arrangement aus unterschiedlich gestalteten Töpfen wirkt oft unausgewogen, wenn die Gefäße in einer Reihe stehen – besser ist eine gestaffelte Anordnung. Zusätzlich kann man sie mit ähnlichen Elementen, etwa der Topf- und Pflanzenfarbe, den Laubformen oder einer Mulchschicht aus Kies, optisch miteinander verknüpfen.

Oben: ***Ähnliche Formen und Oberflächen*** *machen diese Topfgruppe trotz kontrastierender Farben zu einer stimmigen Einheit. Auberginen und Tomaten streben beide in die Höhe und passen bestens zu den großen Gefäßen.*

Oben links: ***Etwas rustikaler wirkt es,*** *wenn man Weidenkörbe und Zinkwannen kombiniert. Trotz sehr unterschiedlicher Materalien ergeben sie eine harmonische Einheit, da sie alle einen ländlichen Stil verkörpern.*

Links: ***Eine wie beiläufig*** *zusammengestellte Gruppe bringt Leben in Terrassen- und Gartenecken. Durch einen Mix aus Farben wird ihre Wirkung noch betont – vor allem wenn man die Töpfe mit farbenfrohem Gemüse bepflanzt.*

PLANUNG UND VORBEREITUNG

Der Anbau von eigenem Obst, Gemüse und Kräutern ist meistens kinderleicht. Nicht ganz so einfach aber sind die Vorbereitungen: Wo, wann und wie soll man mit der Gartengestaltung beginnen? Wichtig ist beispielsweise auch die Auswahl der passenden Gefäße und Substrate, damit die Pflanzen ihr volles Potenzial ausschöpfen und mit einem optimalen Start in die Saison gehen können. Dieses Kapitel enthält die Grundlagen guter Gartenvorbereitung. Mit dabei: ein übersichtlicher Saisonplaner für Gemüse und Obst.

Für eine gute Obst- und Gemüsekultur *braucht man eine gewisse Grundausrüstung, aber auch ein Basiswissen über Aussaat, das Einsetzen in Töpfe und die Pflege der Pflanzen.*

Eine Auswahl treffen

Wo Platz Mangelware ist, muss der Obst- und Gemüseanbau sorgfältig geplant werden, damit man lange ernten und monatelang eine hübsche Topflandschaft vor Augen haben kann. Sich ganzjährig mit Frischem einzudecken ist keine Zauberei – Radieschen und Blattsalate im Frühjahr, Zucchini und Tomaten im Sommer sowie Lauch und Grünkohl im Winter machen's möglich. Weisen Sie allen Pflanzen geeignete Standorte zu und wählen Sie Sorten, die Ihnen schmecken. Dann brauchen Sie nur noch eines für den gärtnerischen Erfolg: eine Grundausstattung an Werkzeug und Geräten (*siehe S. 42–43*).

Standortwahl

Töpfe haben einen Vorteil: Man kann sie nach Belieben in die Sonne oder den Schatten, nach drinnen oder draußen und an einen exponierten oder geschützten Platz stellen. Die meisten Nutzpflanzen brauchen zumindest teilweise vollsonnige Standorte. Trotzdem sollte man nicht alle über einen Kamm scheren, sondern jeder Pflanze ihren idealen Lebensraum bieten. Sonnige Winkel fördern zwar eine gute Fruchtreifung, doch welken in solchen Wärmefallen laubreiche Pflanzen und haben einen gesteigerten Wasserbedarf. Wind trocknet Substrate aus, beschädigt Pflanzen und wirft Gefäße um – meiden Sie also exponierte Stellen nach Möglichkeit oder richten Sie einen Windschutz ein. Sonnige Fensterbänke, Veranden und Wintergärten eignen sich vorzüglich das ganze Jahr hindurch für den Anbau von Obst und Gemüse. Innenräume müssen im Sommer gut gelüftet, Jungpflanzen vor zu viel Sonne geschützt werden.

***Nicht alle Nutzpflanzen** brauchen viel Sonne. Manche Gewächse kann man getrost in den lichten Schatten stellen.*

***Kohlrabi** braucht viel Sonne. Erntereif ist er in der Regel sechs Wochen nach dem Austrieb, wenn die Knollen knapp tennisballgroß sind.*

Für alle Jahreszeiten

Sie möchten im Jahreslauf möglichst lange Schmackhaftes genießen? Dann sollten Sie sich ein großes Repertoire an Obst und Gemüse zulegen und immer ein paar Jungpflanzen parat haben, um alte, verbrauchte Gewächse bei Bedarf zu ersetzen. Mit etwas Planung und einigen Gewächsen in Wartestellung im Haus oder unter Abdeckungen draußen ist das gar nicht so schwer.

Als Erstes müssen Sie sich darüber im Klaren werden, was Sie am liebsten essen, und wann die dafür zuständigen Pflanzen gesät und geerntet werden. Ideal sind Gewächse, die den Garten durchgehend füllen und Sie viele Monate lang versorgen. Kombinieren Sie Sorten, die lange Essbares liefern, etwa Zucchini, mehrjährige Kräuter oder Stielmangold. Dann bringen Sie Sprinter wie Radieschen und Blattsalate ins Spiel, die binnen Wochen erntereif sind und alle 14 Tage ausgesät werden können, um etwaige Lücken zwischen längerfristigen Gemüselieferanten zu füllen.

Zitrusbäume *kann man im Sommer in den Garten stellen. Sie fügen sich dort prächtig in das Miteinander aus Nutz- und Zierpflanzen ein.*

FÜR DAS FRÜHJAHR

Die meisten Saaten werden im zeitigen Frühjahr ausgebracht. Was zu dieser Zeit geerntet werden kann, stammt von Gewächsen, wie Brokkoli, die man schon im Herbst ausgesät hat. Im späten Frühjahr sind aber manche Schnellstarter schon reif. Ernten Sie jetzt:

Rosmarin *S. 131*
Rettiche und Radieschen *S. 84*
Erbsen *S. 106*
Blattsalate *S. 76*
Rhabarber *S. 148*
Rote Bete *S. 113*
Stielmangold *S. 96*

FÜR DEN SOMMER

Im Sommer haben Beeren und junges Gemüse ihren Auftritt. Säen Sie in dieser Zeit schnell wachsende Sorten alle paar Wochen aus, damit sie sukzessive reif werden und Sie dadurch fast ununterbrochen ernten können. Der Sommer liefert Ihnen:

Basilikum *S. 129*
Erdbeeren *S. 152*
Kartoffeln *S. 108*
Zucchini *S. 91*
Tomaten *S. 86*
Heidelbeeren *S. 156*
Buschbohnen *S. 100*

FÜR DEN HERBST UND WINTER

Der Herbst bringt Gemüse und Obst in Hülle und Fülle. Vieles, was in dieser Zeit geerntet wird, lässt sich für magere Zeiten einlagern. Wintergemüse kann vom ersten Frost bis zum späten Frühjahr geerntet werden. Folgende Genüsse stehen im Herbst und Winter zur Verfügung:

Paprika *S. 92*
Äpfel *S. 138*
Birnen *S. 140*
Kartoffeln *S. 108*
Lauch *S. 118*
Grünkohl *S. 98*
Chicorée und Radicchio *S. 82*

Saatgut oder Pflanzen kaufen?

Wer früher Gemüse in seinem Garten anbauen wollte, musste es zwangsläufig durch Aussaat selbst heranziehen. Heute bieten Gartencenter und der Versandhandel eine stattliche Auswahl an Setzlingen und Jungpflanzen an. Entsprechend groß ist die Qual der Wahl. Was also kaufen? Das hängt davon ab, wie viel Zeit, Geld und Platz Sie haben – und natürlich von Ihren kulinarischen Vorlieben.

Samen

Pflanzen aus Samen heranzuziehen ist leicht und macht Spaß. Gartencenter und Versandhäuser bieten die verschiedensten Sorten an, doch kann man Samen auch von Pflanzen aus dem eigenen Garten nehmen, die man blühen und Samen ansetzen lässt. Die größte Auswahl an Gemüsesorten unterschiedlichster Größe, Form, Farbe und Widerstandsfähigkeit gegen Krankheiten hat man mit Samen. Kartoffeln werden als Saatkartoffeln, Zwiebeln und Schalotten auch als Steckzwiebeln gepflanzt.

Geeignete Pflanzen Jedes Gemüse, besonders Wurzelgemüse, kann ausgesät werden. Das einzige Obst, das eine Vermehrung durch Aussaat lohnt, sind Wald-Erdbeeren.
Vorteile Saatgut ist preiswert und hält an einem kühlen, trockenen Ort jahrelang. Die Menge lässt sich ebenso regulieren wie der Zeitpunkt und die Häufigkeit der Aussaat.
Nachteile Samen brauchen Zeit zum Keimen. Außerdem sind kleine Töpfe oder Saatschalen und relativ viel Platz notwendig, vor allem wenn man sie drinnen aussät.

Setzlinge

Diese jungen Pflänzchen wachsen in Multitopfplatten und werden in Gärtnereien, Gartencentern oder im Versandhandel angeboten. Wenn man nicht viel Platz hat oder die Bedingungen sich nicht für eine Aussaat eignen, sind sie eine gute, relativ preisgünstige Alternative. Allerdings sind Setzlinge empfindlich und müssen gleich nach dem Eintreffen umgetopft und gewässert werden, vor allem wenn sie versandt wurden und womöglich lang unterwegs waren.

Geeignete Pflanzen Fast jedes Gemüse ist als Setzling erhältlich, besonders Arten, die in größerer Menge angebaut werden, wie Blattsalate und -gemüse. Obst wird dagegen nicht als Setzling gepflanzt.
Vorteile Setzlinge sind schneller erntereif als Aussaaten, sparen Zeit und Platz und kosten wenig, selbst wenn man viele Pflänzchen erwirbt.
Nachteile Die Auswahl an Sorten ist begrenzter als bei Saatgut. Die Pflänzchen sind empfindlich. Sie müssen umgetopft und an die neuen Bedingungen gewöhnt werden.

Das Ziehen von Gemüse *aus Samen ist immer wieder ein Erlebnis. Die Gefäße müssen sauber, die Bedingungen feucht und warm sein.*

Viele Gemüsearten und -sorten *sind als Setzlinge mit Wurzelballen erhältlich. Man muss sie gleich nach dem Kauf umtopfen und wässern.*

Wer keinen Platz *für das Aussäen und Umtopfen in der Wohnung hat, kauft Jungpflanzen – aber erst, wenn kein Frost mehr zu erwarten ist.*

Jungpflanzen

Im Gegensatz zu Setzlingen werden Jungpflanzen in Einzeltöpfen angeboten und sind oft schon etwas größer. Wem Aussaaten zu zeitraubend und schwierig sind, der greift auf sie zurück. Sinnvoll sind sie außerdem, wenn man nur Platz für eine einzige Pflanze hat. Halten Sie Ausschau nach kräftigen, gesunden, leuchtend grünen Exemplaren, die gut gewässert wurden. Man holt sie behutsam aus ihrem Topf, um zu sehen, ob der Ballen verdichtet ist oder im Gefäß festsitzt. Ins Freie kommen Jungpflanzen, sobald sie abgehärtet sind und die Bedingungen es zulassen.

Geeignete Pflanzen Erdbeeren, Rhabarber und etliche Fruchtgemüsesorten, wie Tomaten, Paprika, Gurken und Auberginen, werden als Jungpflanzen angeboten.
Vorteile Größere Pflanzen machen im Garten sofort etwas her. Man spart sich den Aufwand und Platz, der bei Setzlingen oder der Aussaat erforderlich ist. Insbesondere wärmeliebende Arten sollte man als Jungpflanzen kaufen, am besten nach dem letzten Frost, sodass man sie bald ins Freie setzen kann. Auch wenn man nur ein Exemplar braucht, ist der Kauf einer Jungpflanze eine gute Lösung.
Nachteile Sie sind relativ teuer. Die Auswahl an Sorten ist wesentlich begrenzter als bei der Aussaat. Die Pflänzchen müssen ebenfalls an die Bedingungen draußen gewöhnt werden, weshalb man sie nicht zu früh erwerben darf.

Bäume und Sträucher

Das meiste Obst wächst an Bäumen und Sträuchern. Man kann die Gehölze entweder in Containern oder wurzelnackt kaufen. Wurzelnackte Gehölze werden im Winter und Vorfrühling in der Baumschule ausgegraben (»gerodet«) und ohne Erdballen verkauft. Daher pflanzt man sie am besten auch in der Ruheperiode. Topfpflanzen indes kann man ganzjährig setzen. Sie sind leicht erhältlich, während wurzelnacktes Material oft bei Spezialanbietern über den Versandhandel bestellt werden muss. Kaufen Sie nur garantiert gesunde Pflanzen und prüfen Sie, ob sie auf einer für die Topfkultur geeigneten Unterlage veredelt sind (*siehe S. 54–55*). Wer lediglich ein einziges Exemplar pflanzen möchte, sollte eine selbstbestäubende Sorte wählen; andernfalls braucht man einen zweiten Baum in der Nähe.

Geeignete Pflanzen Alle Obstgehölze kann man als Baum oder Strauch pflanzen. Wer sofort ernten möchte, nimmt größere, fruchttragende Exemplare.
Vorteile Wurzelnackte Gehölze kosten weniger und es gibt davon mehr Sorten auf schwachwüchsiger Unterlage.
Nachteile Wurzelnackte Exemplare gibt es nur im Winter und zeitigen Frühjahr zu kaufen; sie müssen sofort gepflanzt werden. Containerpflanzen sind teurer. Bei älterem Material ist der Topfballen manchmal sehr verdichtet.

Containerbäumchen *sind leicht zu bekommen. Sie können das ganze Jahr über ausgepflanzt werden, aber auch noch eine Weile im Gefäß bleiben.*

Gefäße

Gefäße können einen Garten stilistisch prägen oder rein zweckmäßig sein. Sie müssen genug Substrat enthalten, um die Pflanzen mit ausreichend Wasser und Nährstoffen zu versorgen. Wählen Sie Töpfe und Kästen, die zu Ihrem Garten und auch zu den Nutzpflanzen darin passen.

Verzinkter Stahl *rostet nicht, hält viele Jahre lang und eignet sich hervorragend als Lebensraum für verschiedenste Gemüse- und Obstpflanzen.*

Auswahl

Tongefäße werten Pflanzen optisch auf. Terrakotta (unglasiert, bei niedrigeren Temperaturen gebrannt) ist wasserdurchlässig, sodass das Substrat rasch austrocknet. In höher gebrannten oder glasierten Gefäßen fällt der Wasserverlust geringer aus. Wichtig ist auch das Gewicht der Gefäße – in schweren Töpfen stehen hohe Pflanzen stabiler. Dafür wird das Umstellen zum Problem, weshalb man stattlichere Ausführungen am besten an Ort und Stelle bepflanzt.

Kunststoffe sind haltbar, meist nicht allzu teuer und für die meisten Nutzpflanzen ideal. Selbst Töpfe, in denen die Pflanzen gekauft wurden, kann man durchaus verwenden. Bei Bedarf bohrt man Abzugslöcher in den Boden von Eimern und Wannen. Das Material ist leicht und gerade deshalb wie geschaffen für Gefäße, die man öfter umsiedeln muss. Zudem bewahren Kunststofftöpfe Feuchtigkeit und müssen daher nicht so häufig gewässert werden.

Metalltöpfe wirken edel und sind obendrein praktisch. Es muss aber kein teures verzinktes Designergefäß sein: Auch alte Gießkannen und Blechdosen tun ihren Dienst.

Die meisten Metallgefäße halten lange und bewahren Feuchtigkeit, heizen sich aber rasch auf. Für Exoten ist das ein Vorteil, aber wenn man Salate anbaut, die es eher kühl mögen, sollte man den Topf mit Luftpolsterfolie ausschlagen.

Holz und Korbwaren verbreiten je nach Stil des Gefäßes eine rustikale oder formal-geometrische Atmosphäre. Halbfässer etwa bieten reichlich Platz, während elegante rechteckige Pflanzkübel im französischen Stil zur formalen Strenge eines geschnittenen Obstbaums passen.

Geflochtenes ist leicht und eignet sich vorzüglich für Ampeln, hält aber nicht sehr lange. Holzgefäße müssen ausgeschlagen werden und brauchen ein Abzugsloch.

Plastikgefäße *gibt es in den verschiedensten Farben und Größen.*

Malerischer Anblick: *alte Holzkisten, die vor Pflanzen überquellen.*

Gute Dienste *leisten frostbeständige Tongefäße. Sie müssen zum Schutz der Pflanzen im Winter aber mit Luftpolsterfolie ausgeschlagen werden.*

***Zucchini** sind sehr nährstoffhungrig und brauchen viel Wurzelfreiheit. Man pflanzt sie daher am besten in große Behälter wie diese Pflanzsäcke.*

Größe und Stil

Die Größe des Topfs ist durchaus wichtig. Für Pflanzgefäße gilt: Je größer, desto besser. Voluminöse Behälter fassen mehr Substrat als kleine und damit auch mehr Feuchtigkeit und Nährstoffe. Das wiederum erleichtert die Pflege der Pflanzen. Kräuter, wie Thymian und Majoran, vertragen Trockenheit und brauchen keine großen Kübel. Auch die Sprinter unter den Nutzpflanzen, wie Blattsalate, sind mit wenig zufrieden. Nährstoffhungrige Tomaten, Zucchini und Kürbisse hingegen setzt man am besten in große Gefäße. Wurzelgemüse, etwa Karotten und Kartoffeln, brauchen dagegen vor allem hohe Töpfe.

Tröge auf Beinen oder Gefäße auf Stellagen machen durch ihre Höhe die Aussaat und das Bepflanzen bequemer. Große Blumenampeln und Blumenkästen bieten sich für Tomaten und Kräuter an. Erdsäcke kann man direkt aufschneiden und bepflanzen.

***Obstbäume** gedeihen am besten in großen Gefäßen mit spezieller Zitruspflanzenerde oder mit hochwertiger Kübelpflanzenerde.*

Substrate für Topfpflanzen

Im Handel sind viele verschiedene Erden für Kübelpflanzen erhältlich – die richtige auszuwählen mag mitunter etwas knifflig erscheinen. Meist geht es aber einfach nur darum, ob man zu einer Universalerde oder einem Spezialsubstrat greift. Manche Mischungen enthalten Torf, der allerdings aus Umweltschutzgründen bedenklich ist. Deshalb gibt es inzwischen Alternativen.

Auswahl

Es gibt im Wesentlichen drei Arten von Topferden. Sie sind nachfolgend beschrieben. Universalerde eignet sich generell für Pflanzen in Gefäßen. Für längerfristige Pflanzungen wählt man besser Spezialerden. Vorsicht: Billige Substrate sind meistens auch von schlechterer Qualität.

TONHALTIGE ERDE

Sie wird auch Einheitserde genannt und enthält außer dem Hauptbestandteil Torf eine bestimmte Menge Ton, sodass sie schwerer ist als Universalerde. Wasser und Nährstoffe werden aber besser gespeichert. Je nach Nährstoffgehalt gibt es unterschiedliche Qualitäten. Nach drei Monaten ist der Nährstoffgehalt erschöpft, sodass mit dem Düngen begonnen werden muss.

UNIVERSALERDE

Dieses Kultursubstrat besteht hauptsächlich aus Torf und hat keinen Tonanteil. Es ist leicht, gut durchlüftet und mit Nährstoffen angereichert. Im Handel gibt es verschiedene »Blumenerden«. Manche Mischungen enthalten genug Nährstoffe, um Pflanzen bis zu sechs Wochen zu ernähren.

***Nach dem Einfüllen** in Töpfe drückt man das Substrat leicht fest, bevor man einsät* (siehe S. 44–45) *oder bepflanzt* (siehe S. 48–49).

TONHALTIGE ERDE

Vorteile

- Unterscheidung je nach Nährstoffgehalt
- gute Wasserspeicherfähigkeit
- gute Nährstoffspeicherfähigkeit

Nachteil

- schwere Säcke
- enthält einen gewissen Anteil Torf
- unterschiedliche Qualität, daher renommierten Hersteller wählen

UNIVERSALERDE (OHNE TON)

Vorteile

- leicht, sauber, gut zu verarbeiten
- gleichbleibend gute Qualität

Nachteile

- trocknet rasch aus, lässt sich danach schwer wieder durchfeuchten
- geringer Nährstoffgehalt
- nach 4–6 Wochen muss mit dem Düngen begonnen werden
- nicht geeignet für längerfristige Pflanzungen

TORFFREIE ERDEN

Weil beim Abbau von Torf Moore vernichtet werden, die über Jahrtausende hinweg entstanden sind und wertvolle Lebensräume darstellen, steigt der Verkauf von torffreien Mischungen als Alternative zu torfhaltigen Substraten.

Zu den besten Torfersatzstoffen gehören Kokosfasern, vorausgesetzt, sie stammen aus nachhaltigen Quellen. Sie werden aus zerkleinerten Kokosnussschalen hergestellt und in der Regel mit anderen Materialien gemischt. Am umweltfreundlichsten sind Erden aus pflanzlichen Stoffen aus der Futter- und Lebensmittelherstellung, der Forstwirtschaft sowie dem Garten- und Landschaftsbau. Sie werden als torffreie Universal- bzw. Blumenerden im Handel angeboten, sind mitunter aber auch bei örtlichen Kompostieranlagen erhältlich. Weitere Inhaltsstoffe sind Rindenhumus, Holzstaub, Sägemehl und Papierabfall. Sie sind leicht, stark durchlässig und ideal für die Topfkultur.

Ein Nachteil torffreier Substrate ist ihre von Hersteller zu Hersteller variierende Zusammensetzung. Zwar eignen sie sich alle für die Topfkultur, dennoch haben sie leicht abweichende Eigenschaften.

Wählen Sie für eine optimale Ernte *immer das für Ihre Samen, Setzlinge und älteren Pflanzen am besten geeignete Substrat aus.*

TORFFREIE SUBSTRATE MIT KOKOSFASERANTEIL

Vorteile

- Gewicht und Wasserspeicherfähigkeit ähnlich wie bei Torfsubstraten
- leicht und gut zu verarbeiten
- besonders für Setzlinge geeignet

Nachteile

- nicht für längerfristige Pflanzungen
- Umweltbilanz wegen des langen Transportwegs nicht optimal

TORFFREIE SUBSTRATE AUS KOMPOSTIERTEN MATERIALIEN

Vorteile

- leicht zu bekommen und aus nachhaltigen Quellen
- gut zu verarbeiten, leicht und sauber

Nachteile

- nicht für längerfristige Pflanzungen
- muss gegebenenfalls mit anderen Materialien gemischt werden
- Gefahr zu starken Wässerns, da die Oberfläche trocken aussieht, das Innere aber noch nass ist

Pflanzgefäße vorbereiten

Alle Gefäße, ob groß oder klein, müssen für die Bepflanzung vorbereitet werden. Davon profitieren auch die Gewächse: Sie leben länger und sehen besser aus. Zudem sollte man sich im Vorfeld Gedanken über das endgültige Gewicht machen und überlegen, wie man die Kübel nach dem Bepflanzen an ihren endgültigen Standort bringt, ohne den Rücken übermäßig zu beanspruchen.

Abzugslöcher bohren

Die meisten Pflanzgefäße haben bereits vorgefertigte Abzugslöcher, über die Wasser ablaufen kann, damit die Wurzeln nicht faulen. Fehlen sie, muss man sie selbst bohren, zum Beispiel mit einer Bohrmaschine.

Sie können die bestehenden Abzugslöcher bei Bedarf auch mit einem Hammer vergrößern (siehe unten). Das ist besonders dann sinnvoll, wenn man eine stattliche Pflanze, wie beispielsweise einen Obstbaum oder -strauch, hineinsetzen möchte. Wählen Sie dazu am besten Gefäße mit einer dicken Bodenfläche, da diese nicht so leicht splittert, wenn sie mit dem Hammer bearbeitet wird.

***Kleinere Löcher** lassen sich bohren – wer größere braucht, bohrt mehrere kleine und schlägt die Zwischenräume mit dem Hammer heraus.*

Staunässe vermeiden

Damit Wasser gut abfließen kann, sollte man Tonscherben, Styroporstückchen oder Kiesel auf den Topfboden legen. Auch ein feinmaschiges Gitter mit Kies darauf ist eine gute Lösung. Es verhindert, dass die Löcher verstopfen oder Substrat mit ausgewaschen wird.

***Zerbrochene Töpfe** lassen sich sinnvoll wiederverwerten: Man zerschlägt sie in kleine Stücke und legt diese in andere Töpfe, damit Wasser abfließen kann.*

TIPP: GEWICHTSREDUZIERUNG

Nach dem Befüllen mit Erde ist jeder Topf schon schwer – und nach dem Gießen kommt noch einmal ordentlich Gewicht dazu. Wem das zu viel ist, der bedeckt den Boden mit Styropor oder Blähton. Hohe Pflanzen brauchen allerdings schwere Kübel, damit sie nicht umfallen.

Ausschlagen

Wurden Tontöpfe innen nicht glasiert, können sie bei Frost springen (*siehe S. 71*). Will man man sie ganzjährig draußen lassen, wappnet man sie am besten gegen Schäden, indem man sie mit dicker Kunststofffolie oder Luftpolsterfolie ausschlägt. Drücken Sie die Folie tief in den Topf und schneiden Sie Abzugslöcher hinein oder lassen Sie den Gefäßboden ganz frei. Anschließend kommt eine Lage Kiesel oder Steine und zum Schluss das Substrat hinein. Ihr Gewicht zieht die Folie noch etwas in den Topf. Ist er aufgefüllt, schneidet man überstehende Folie ab. Das Ausschlagen verhindert außerdem, dass Salze und Wasser durch den Ton nach außen dringen und den Topf verfärben.

***Luftpolsterfolie** ist das ideale Auskleidungsmaterial zum Schutz von Keramiktöpfen gegen Frost. Vor dem Ausschlagen wird es grob zugeschnitten.*

Reinigen

Alle Gefäße müssen vor dem Wiedereinsatz gesäubert werden, egal ob sie vorher im Garten oder Gewächshaus standen. Das gilt auch für Saatschalen aus Kunststoff, ja, sogar für Töpfe und Kästen, die man schon vor Monaten frisch gereinigt in den Keller oder Schuppen gestellt hat. Sie sind nämlich ein guter Nährboden für Schädlinge und Krankheiten.

Alle Gefäße müssen mit einem Haushaltsreiniger abgeschrubbt und anschließend mit Wasser gespült werden. Zusätzlich kann man sie in eine Desinfektionslösung, etwa für Babyfläschchen, tauchen. Das ist vor allem dann ratsam, wenn vorher kranke Pflanzen im Topf standen.

***Ideal zum Säubern** alter Gefäße ist eine grobe, robuste Handbürste. Bürsten Sie Außen- und Innenseite gleichermaßen gründlich.*

Transportieren

Heben Sie nach Möglichkeit keine schweren Gefäße. Viel einfacher ist es, sie leer an ihrem endgültigen Standort auf Füße (*siehe S. 71*) oder Steinchen zu stellen, bevor man sie mit Erde befüllt und bepflanzt. Geht das nicht, platziert man den leeren Kübel auf einem Pflanzenroller. Dann kann man ihn nach dem Bepflanzen sicher bewegen.

Ein Roller ist in mehrfacher Hinsicht von Vorteil: Er dient als Standfuß, lässt Wasser gut ablaufen und schützt das Gefäß vor Frost. Damit sich die Kübel aber nicht selbstständig machen, legen Sie Steine vor die Räder. Das fixiert und kaschiert sie zugleich.

***Stellen Sie** schwere Gefäße vor dem Bepflanzen auf Roller. So lassen sie sich komfortabel, sicher und bandscheibenfreundlich verschieben.*

Pflege von Gefäßen

Alle Gefäße müssen gelegentlich gereinigt werden, damit sie sauber und schädlingsfrei bleiben. Holz, Metall, Ton und Stein brauchen aber etwas mehr Zuwendung, wenn sie sich immer von ihrer besten Seite zeigen sollen. Verpassen Sie ihnen einmal jährlich eine Schönheitskur – und sie bleiben immer in einem Topzustand.

Holz schützen

Damit Holzgefäße nicht faulen, wäscht man sie jedes Jahr im Winter mit Wasser ab und behandelt sie, wenn sie gut durchgetrocknet sind, innen und außen mit einem biologischen Holzschutzmittel.

Auch ein Beizmittel mit schützenden Inhaltsstoffen leistet gute Dienste. Das Holz muss bei dieser Behandlung ebenfalls sauber und trocken sein. Bei der Auswahl der Farbe sollte man darauf achten, dass sie zur Tönung der Pflanzen passt. Gedeckte Farben sind immer am besten, denn sie harmonieren mit anderen Pastelltönungen und heben gleichzeitig kräftigere Pflanzungen hervor. Die Innenseite von Holzgefäßen schützt man vor Nässe, indem man das Gefäß mit Kunststoff ausschlägt. Stechen Sie aber immer genug Abzugslöcher hinein.

Wenn Sie ein Holzgefäß *behandeln, wählen Sie ein umweltfreundliches Mittel, wie Leinöl, und tragen es mit einem saugfähigen Tuch auf.*

Metalle vor Rost schützen

Verzinkte Gefäße und Edelstahlbehälter rosten in der Regel nicht und müssen daher auch nicht behandelt werden. So kann eine Gießkanne aus Metall jahrelang im Freien stehen, ohne zu rosten. Wenn man allerdings in Gefäße zusätzliche Abzugslöcher bohrt, durchbricht man die Schutzschicht und fördert Korrosion. Dagegen hilft ein Rostschutz um das Abzugsloch. Generell sollte man Kratzer an Metallgefäßen meiden und die Oberflächen sauber halten, indem man sie gelegentlich mit einem nicht scheuernden Haushaltsreiniger und einem weichen Tuch auf Vordermann bringt.

Bei der Behandlung *von Metallgefäßen verwendet man am besten eine Rostschutzfarbe. Beachten Sie immer die Empfehlungen des Herstellers.*

Tongefäße vorbereiten

Wurden Tontöpfe im Winter gelagert, sollte man sie vor dem Wiedereinsatz im Frühjahr gründlich mit warmem Wasser und einem Reiniger bürsten und anschließend mit klarem Wasser spülen. Auch vor dem Verstauen am Ende der Saison muss man sie von Schmutzresten befreien. Frostfeste Dekortöpfe kann man das ganze Jahr draußen lassen. Aber Vorsicht: Frostfest ist nicht automatisch auf ewig winterfest. Nach einigen Jahren im Freien können auch frostfeste Gefäße springen oder anderweitig leiden. Fragen Sie im Zweifel den Hersteller.

Stellen Sie Tontöpfe *vor dem Bepflanzen in Wasser. So saugt sich der poröse Ton mit Wasser voll und entzieht dem Substrat weniger Feuchtigkeit.*

Halten Sie gebrauchte Gefäße *sauber, dann werden Ihre Obst-, Gemüse- und Kräuterpflanzen seltener von Krankheiten und Schädlingen heimgesucht.*

Patina auf Stein

Moderne Töpfe oder Reproduktionen alter Steingefäße – und auch Statuen – sehen frisch gekauft manchmal fast schon klinisch sauber und unnatürlich neu aus. Man kann den Alterungsprozess jedoch beschleunigen, indem man das Algenwachstum fördert. Dazu trägt man Naturjogurt oder eine Mischung aus Kuhdung und Wasser auf die Oberfläche auf, oder man reibt sie mit Gras ab. Manche Hersteller von Steintöpfen und Gartendekor bieten sogar eine spezielle künstliche Patina an, die sich schnell und einfach mit einem sauberen Pinsel auftragen lässt.

Neue Steingefäße *altern auf natürliche Weise, indem man sie mit Gras abreibt und so das Algenwachstum auf der Oberfläche fördert* (siehe oben).

TIPP: KUNSTSTOFFE SÄUBERN

Kunststoff muss wie Ton vor dem Lagern mit Wasser und einer Reinigungslösung gesäubert werden. Entfernen Sie hartnäckige Flecken mit Stahlwolle, testen Sie die Wirkung aber vorher an einer kleinen, nicht sichtbaren Stelle, um sicherzugehen, dass der Topf nicht zerkratzt wird. Längerfristige Pflanzungen sind vielleicht am besten in dunklen Gefäßen aufgehoben, an denen man den Schmutz nicht so sieht.

Anbauplaner Gemüse

In dieser Tabelle sehen Sie auf einen Blick, wann Sie was säen, pflanzen und ernten müssen. Der tatsächliche Zeitraum variiert allerdings je nach Klima und Region. Gemüse, das im Frühjahr und Sommer geerntet wird, kann man durch später gesäte Sorten ersetzen, um die Erntezeiten auszuweiten.

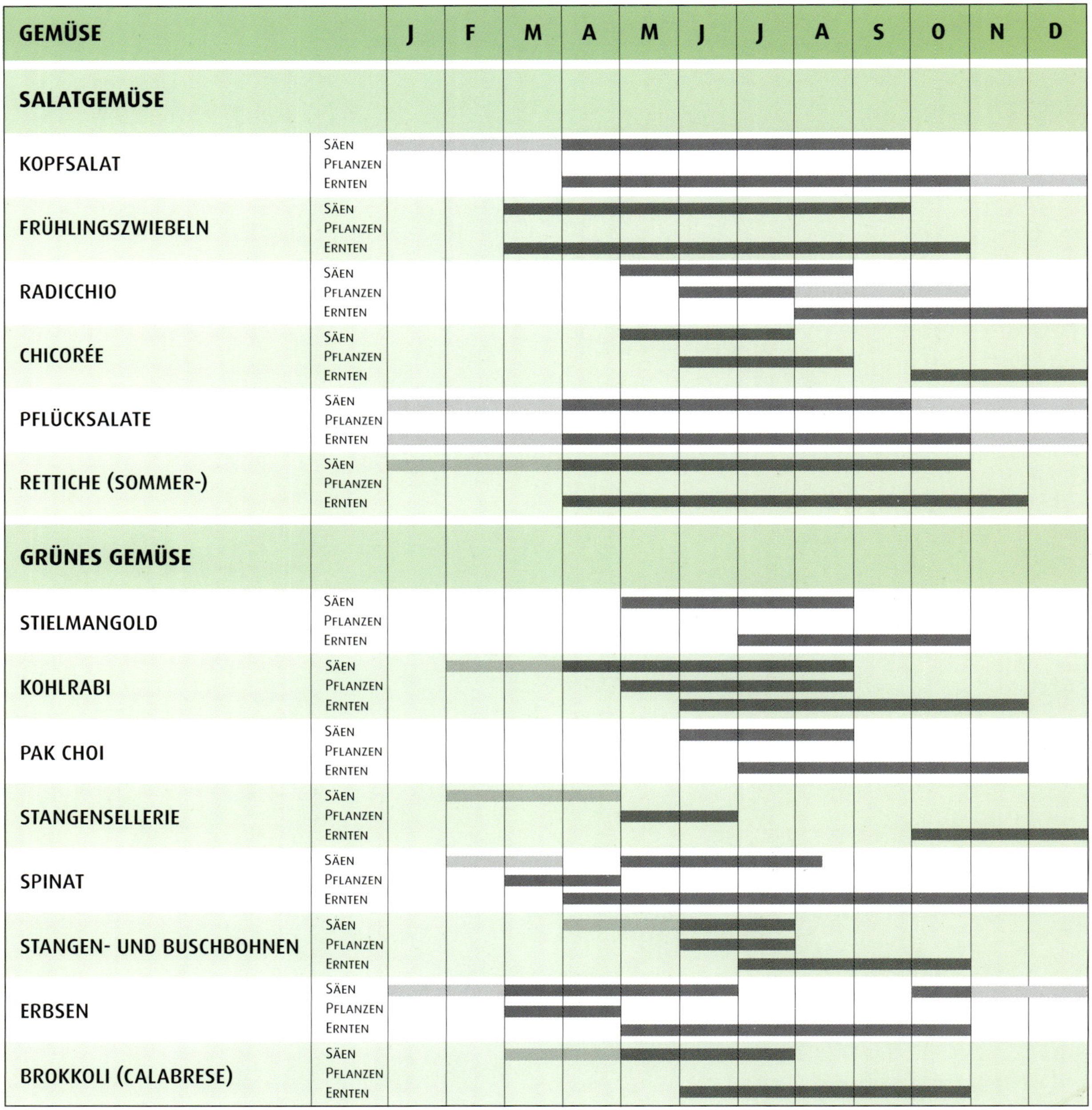

░ UNTER GLAS
█ IM FREILAND

GEMÜSE		J	F	M	A	M	J	J	A	S	O	N	D
MITTELMEERGEMÜSE													
AUBERGINEN	Säen			░	░								
	Pflanzen					░	█						
	Ernten								█	█	█		
TOMATEN	Säen			░	░								
	Pflanzen					░	█						
	Ernten							█	█	█	█		
ZUCCHINI	Säen				░	░	█						
	Pflanzen					░	█	█					
	Ernten							█	█	█	█		
CHILI-PAPRIKA	Säen		░	░									
	Pflanzen					░	░	░					
	Ernten							░	█	█	█		
GEMÜSEPAPRIKA	Säen			░	░								
	Pflanzen					░	█	█					
	Ernten							░	█	█	█		
SPEISEZWIEBELN (SOMMER-)	Säen	░	░	░	█	█							
	Pflanzen		█	█	█	█							
	Ernten							█	█	█	█		
SCHALOTTEN	Säen												
	Pflanzen		█	█									
	Ernten							█	█	█			
KNOBLAUCH	Säen												
	Pflanzen		█	█							█	█	
	Ernten						█	█	█				
WURZELGEMÜSE													
KARTOFFELN (HAUPTERNTE)	Säen												
	Pflanzen				█	█							
	Ernten									█	█		
ROTE BETE	Säen			░	█	█	█	█					
	Pflanzen												
	Ernten					█	█	█	█	█	█		
KAROTTEN	Säen			░	█	█	█	█	█				
	Pflanzen												
	Ernten					█	█	█	█	█	█		
WINTERGEMÜSE													
KÜRBISSE (SOMMER-)	Säen				░	░	█						
	Pflanzen					░	█						
	Ernten							█	█	█	█		
LAUCH/PORREE	Säen	░	░	░	█	█							
	Pflanzen					█	█	█					
	Ernten	█	█	█	█					█	█	█	█
GRÜNKOHL	Säen				█	█	█	█					
	Pflanzen						█	█					
	Ernten	█	█	█	█						█	█	█
ENDIVIE	Säen				░	█	█	█	░				
	Pflanzen					█	█	█		░			
	Ernten							█	█	█	█	█	█

Anbauplaner Obst

In dieser Tabelle sehen Sie auf einen Blick, wann Sie was pflanzen, ernten und schneiden müssen. Der tatsächliche Zeitraum variiert allerdings je nach Klima und Region. Die Angaben für die Pflanzung beziehen sich auf wurzelnackte Gewächse. Containerpflanzen können ganzjährig ausgepflanzt werden.

OBST		J	F	M	A	M	J	J	A	S	O	N	D
BEERENOBST UND RHABARBER													
RHABARBER	Pflanzen		■	■							■	■	
	Ernten			■	■	■	■	■					
	Schnitt												
STACHELBEEREN	Pflanzen		■	■							■	■	■
	Ernten					■	■	■					
	Schnitt	■	■				■	■				■	
ERDBEEREN, EINMALTRAGEND	Pflanzen							■	■	■			
	Ernten				□	■	■	■					
	Schnitt												
ERDBEEREN, MONATS-	Pflanzen			■	■	■	■	■	■	■			
	Ernten							■	■	■		□	□
	Schnitt												
HIMBEEREN, SOMMER-	Pflanzen		■	■							■	■	
	Ernten							■	■				
	Schnitt		■			■				■	■	■	
HIMBEEREN, HERBST-	Pflanzen		■	■							■	■	
	Ernten								■	■	■		
	Schnitt		■										
JOHANNISBEEREN, SCHWARZ	Pflanzen		■	■							■	■	■
	Ernten							■	■				
	Schnitt		■									■	■
JOHANNISBEEREN, ROT & WEISS	Pflanzen		■	■							■	■	■
	Ernten							■	■				
	Schnitt	■	■				■	■				■	■
HEIDELBEEREN	Pflanzen		■	■								■	■
	Ernten								■	■			
	Schnitt		■	■								■	■
BROMBEEREN & HYBRIDBEEREN	Pflanzen		■	■							■	■	■
	Ernten							■	■	■	■		
	Schnitt		■	■								■	■

UNTER GLAS

IM FREILAND

OBST		J	F	M	A	M	J	J	A	S	O	N	D
BAUMOBST													
ÄPFEL	PFLANZEN		■	■								■	■
	ERNTEN									■	■	■	
	SCHNITT		■	■				■	■	■		■	■
BIRNEN	PFLANZEN		■	■								■	■
	ERNTEN									■	■		
	SCHNITT		■	■				■	■	■		■	■
PFLAUMEN	PFLANZEN		■	■							■	■	
	ERNTEN								■	■	■		
	SCHNITT					■	■	■	■	■			
KIRSCHEN	PFLANZEN		■	■								■	■
	ERNTEN						■	■	■	■			
	SCHNITT			■	■			■					
APRIKOSEN	PFLANZEN			■	■							■	■
	ERNTEN								■	■			
	SCHNITT			■	■		■	■	■	■			
PFIRSICHE	PFLANZEN			■	■					■	■	■	
	ERNTEN								■	■			
	SCHNITT					■	■	■	■	■			
FEIGEN	PFLANZEN			■	■							■	
	ERNTEN								■	■			
	SCHNITT		■	■			■	■					
MELONEN	PFLANZEN					■	■						
	ERNTEN								■	■			
	SCHNITT												
HASELNÜSSE	PFLANZEN			■	■							■	■
	ERNTEN									■			
	SCHNITT							■	■				

GÄRTNER-WISSEN

In diesem Kapitel erfahren Sie zunächst, welche Werkzeuge und Geräte Sie parat haben sollten. Es folgen nützliche Informationen über das Aussäen und Umtopfen. Wissen sollten Sie auch, wie man Obstbäume und Beerensträucher schneidet und Empfindliches vor Minustemperaturen schützt. Schritt-für-Schritt-Anleitungen erklären anschaulich, wie man Nutzpflanzen so pflegt, dass sie stets gesundes Obst und Gemüse in Hülle und Fülle liefern.

***Der Spaß** beim Heranziehen von eigenem Gemüse kann gar nicht hoch genug bewertet werden. Ein paar praktische Tipps, wie man seine Pflanzen gesund hält und hohe Erträge erzielt, sind aber immer hilfreich.*

Grundausrüstung

Eine gute Ausrüstung macht den Eigenanbau von Obst und Gemüse wesentlich leichter. Sie anzuschaffen lohnt sich doppelt, denn die meisten Geräte und Werkzeuge braucht man auch an anderer Stelle im Garten. Kaufen Sie zunächst das Wichtigste und bauen Sie Ihr Arsenal mit der Zeit aus.

Pflege

Für den Anbau von Obst und Gemüse braucht man im Großen und Ganzen Werkzeuge und Geräte, die meistens sowieso schon zur Grundausrüstung von Hobbygärtnern gehören. Beim Kauf sollte man nicht sparen, sondern sich die beste Qualität aussuchen, die man sich leisten kann. Ein hochwertiges gebrauchtes Stück hält oftmals länger als ein billiges neues. Pflegen Sie alle Utensilien gut, dann halten sie viele Jahre. Nach Gebrauch wischt man sie ab und bewahrt sie an einem trockenen Platz auf, etwa in einem Schuppen oder in der Garage.

Multitopfplatten und kleine Töpfe leisten gute Dienste, wenn man Gemüse durch Aussaat selbst ziehen möchte. Meist sind sie nicht sehr robust und halten nur ein paar Jahre, doch man kann sie problemlos ersetzen.

Handschaufel und Handgabel sollte man sich für das Pflanzen, Ernten, Jäten und Lockern auf kleiner Fläche zulegen. Es gibt auch Ausführungen mit langem Stiel.

Pflanzhölzer kommen bevorzugt beim Säen einzelner großer Samenkörner, etwa von Bohnen, beim Umpflanzen von Sämlingen und beim Setzen von Steckzwiebeln zum Einsatz.

Baumscheren braucht man zum Schneiden von Obstbäumen und -sträuchern. Sie müssen immer scharf und sauber sein. Zudem lässt sich mit ihnen größeres Obst und Gemüse ernten.

Schutz

Sobald Pflanzen ihren Platz im Topf zugewiesen bekommen haben, braucht man nur noch wenig Ausrüstung für ihre Pflege und zu ihrem Schutz. Für die Aufbewahrung und den Transport kleinerer Utensilien hat sich ein Korb (*siehe rechts*) bewährt, es genügt aber auch ein Eimer oder eine Kunststoffkiste.

TIPP: KÖRBE

Mit Körben kann man Setzlinge, größere Gewächse und Werkzeug, aber auch Erde und Abfälle transportieren. Heute sind sie meist aus Gummi oder Kunststoff. Wer's traditioneller mag, besorgt sich einen Holzkorb.

Stangen und Schnüre stützen hohe, kletternde und schwache Pflanzen. Mit Bast-, Hanf- oder anderen weichen Schnüren bindet man die zarten Triebe an ihre Stütze.

Abdeckungen aus Glas oder Kunststoff schützen bei Kälte nicht ganz winterharte Gewächse. Im Frühjahr kann man sie zum Erwärmen des Bodens und für Aussaaten nutzen.

Gartenvlies bewährt sich dort, wo junge, nicht winterharte Pflanzen oder im Frühjahr blühende Obstbäume, wie etwa Pfirsiche, vor Frost geschützt werden müssen.

Netze halten Insekten und Vögel von Obst und Gemüse fern. Verwenden Sie Ausführungen mit feiner oder mittlerer Maschenweite. Nach Gebrauch rollt man sie sorgfältig zusammen.

Sprühflaschen dienen zum Ausbringen von Schutzmitteln, zur Erhöhung der Luftfeuchtigkeit und zum Besprühen von Bohnen- und Tomatenblüten, um die Bestäubung zu fördern.

Astsägen eignen sich hervorragend zum Kappen größerer Zweige von Obstgehölzen. Man kann sie aber auch für Zierbäume und -sträucher gut gebrauchen.

Aussaat in Schalen

Feinkörnige Samen können in kleinen Saatschalen ausgebracht werden. Die flachen Behältnisse lassen sich gut reinigen und passen problemlos in Anzuchtkästen oder auf helle Fensterbänke. Vor dem Einsatz säubert man sie mit heißem Wasser und einem Reinigungsmittel und spült sie anschließend mit kaltem Wasser. Viele Gemüsesorten werden durch Aussaat in solchen Schalen vermehrt, doch sollte man sich immer die Hinweise auf dem Samenpäckchen durchlesen.

1 Universal- oder Aussaaterde in eine Schale füllen und mit einer zweiten Schale festdrücken. Dazu die leere Schale auf die Substratoberfläche legen, dann sanft und gleichmäßig anpressen.

2 Saatgut direkt aus dem Päckchen oder der hohlen Hand gleichmäßig über die Oberfläche verteilen. Dünn säen, um zu dichten Wuchs und langbeinige, für Krankheiten anfällige Sämlinge zu vermeiden.

3 Samen mit gesiebter Erde dünn bedecken und Schale mit Pflanzennamen und Aussaatdatum versehen. Mit Leitungswasser und feiner Brause wässern, da Regenwasser die Umfallkrankheit verursachen kann.

4 Schale in einen Anzuchtkasten stellen oder mit transparenter Folie abdecken, damit ein feucht-warmes Klima entsteht. Ins Helle, aber nicht in die pralle Sonne stellen. Nach dem Keimen Abdeckung entfernen.

5 Sobald die Sämlinge ein paar Blättchen haben, verpflanzt man sie. Vorher wässern, dann an einem Blatt mit den Fingern festhalten, Wurzeln mit dem Pflanzholz lockern und Pflänzchen aus der Erde ziehen.

6 Mit Universalerde gefüllte Multitopfplatten oder kleine Töpfe gießen und Wasser ablaufen lassen. In jedes Modul ein Loch stechen, Sämling hineinsetzen und Erde vorsichtig andrücken. Wässern und beschriften.

Nach ein paar Wochen *haben Sie schon eine Menge Sämlinge, die beständig größer werden und bald erneut in größere Gefäße umgepflanzt werden können* (siehe S. 48–49).

Aussaat in Töpfe drinnen und draußen

Wenn man größere Samen hat und nur wenige Pflanzen braucht, sät man in Töpfe aus. Empfindliche Gewächse, wie Tomaten und Zucchini, lässt man in kleinen Töpfen im Gewächshaus oder der Wohnung keimen. Winterharte Sorten wie Rote Bete, Buschbohnen und Kopfsalate hingegen können auch direkt in ihre Gefäße im Freien gesät werden (*siehe Tipp unten*).

1 Universal- oder Aussaaterde in den Topf krümeln, bis er voll ist. Substrat leicht andrücken und anschließend Samenkorn in der auf dem Samenpäckchen empfohlenen Pflanztiefe hineindrücken.

2 Samenkorn mit Substrat bedecken, wässern und bis zur Keimung in einen Anzuchtkasten stellen oder mit durchsichtiger Folie abdecken. Feucht halten. Sämlinge ausdünnen, bis nur ein Pflänzchen übrig ist.

3 Sämlinge aus dem Anzuchtkasten nehmen und an einen hellen Platz ohne direkte Sonne stellen. Evtl. in einen größeren Topf umsiedeln (*siehe S. 48*), damit sich der Wurzelballen nicht verdichtet.

TIPP: AUSSAAT DIREKT IM FREIEN

1 Gefäß bis 5 cm unter den Rand mit einer Mischung (1:1) aus Universal- und tonhaltiger Erde füllen. Wie auf dem Samenpäckchen angegeben aussäen. Wässern und an einen geschützten Platz stellen.

2 Sobald die Sämlinge mindestens vier Blätter haben, das schwächste Exemplar auszupfen. Die auf dem Samenpäckchen angegebenen Pflanzabstände beachten. In Töpfen darf es auch ein bisschen enger zugehen.

3 Pflänzchen gut wässern, denn wenn das Substrat austrocknet, wird ihr Wachstum gebremst. Umgekehrt muss man aber auch Staunässe vermeiden. Töpfe dazu am besten auf Füße oder Kiesel stellen.

Nicht winterharte Sorten *werden drinnen weiterkultiviert, bis kein Frost mehr zu erwarten ist und man die Pflanzen nach draußen bringen kann. In die endgültigen Gefäße kommen sie, sobald sie groß genug sind* (siehe S. 52–53).

Umtopfen

Werden Pflanzen größer, müssen sie umgetopft werden, um eine zu starke Durchwurzelung des Topfballens zu verhindern, die zu Kümmerwuchs führen kann. Wenn ab Mai keine Fröste mehr drohen, kann man seine Obst- und Gemüsegewächse abhärten, bevor sie in ihr endgültiges Gefäß kommen (*siehe S. 52–53*).

1 Sobald die ersten Wurzeln durch das Abzugsloch spitzen, wird es Zeit, die Pflanze in ein größeres Gefäß mit Universalerde umzutopfen. Nehmen Sie aber immer nur das nächstgrößere Topfformat.

2 Wurzelverletzungen hemmen das Wachstum der Pflanzen. Deshalb sollte der Ballen beim Umtopfen intakt bleiben. Düngen Sie regelmäßig mit einem Flüssigvolldünger, um ein gesundes Wachstum zu fördern.

3 Pflanzen werden nach und nach abgehärtet, indem man sie ins Frühbeet stellt oder tagsüber nach draußen und nachts wieder nach drinnen bringt. Bevor der Wurzelballen zu dicht wird, topft man sie um.

TIPP: ERDSÄCKE

Hungrige Gewächse wie Tomaten und Auberginen kann man direkt in Säcke mit Pflanzenerde setzen. Um die Feuchtigkeit zu halten, schneidet man das Loch gerade so groß, dass die Pflanze hineinpasst und man noch wässern kann.

Um Jungpflanzen *an die Bedingungen unter freiem Himmel zu gewöhnen, härtet man sie in einem Frühbeet mit Abdeckung ab. Der Deckel kann tagsüber geöffnet und nachts geschlossen werden.*

Direktaussaat ohne Umtopfen

Manche Nutzpflanzen, wie Brunnenkresse und andere Keimpflanzen (»Microgreens«), können direkt in ein Gefäß gesät und dort bis zur Ernte weiterkultiviert werden, ohne dass man sie pikieren bzw. umtopfen muss. Dazu sät man kleine Mengen in regelmäßigen Abständen aus, um den ganzen Sommer kontinuierlich ernten zu können. Die Gefäße werden an einen hellen, warmen Platz ohne direkte Sonne gestellt und hin und wieder gedreht.

1 Samen entsprechend den Angaben auf dem Samenpäckchen in Saatschalen oder aufgeschlitzte Säcke mit Pflanzerde aussäen. Manche Salate müssen tiefer und dichter als andere gesät werden.

2 Das Substrat feucht halten, bis die Samen nach etwa einer Woche keimen. Die Blättchen einzeln ernten, sobald sie groß genug sind. Die Pflänzchen wachsen weiter und treiben neue Blätter aus.

3 Das Abernten bremst das Wachstum, bis sich die Pflänzchen nach rund einer Woche wieder erholen. Gut wässern, um den Neuaustrieb zu fördern. Nach 2–3 Erntedurchgängen lässt die Wuchskraft aber nach.

TIPP: BRUNNENKRESSE DURCH AUSSAAT UND STECKLINGE VERMEHREN

1 Brunnenkresse ist winterhart, kann aber drinnen vorzeitig ausgesät werden. Dazu Töpfe mit Erde füllen, diese leicht andrücken und wässern. Samen dünn streuen, leicht mit Erde bedecken und wässern.

2 Gefäß auf einer hellen Fensterbank oder in einem warmen Gewächshaus in einen wassergefüllten Untersetzer stellen. Substrat stets feucht halten. Sämlinge ausdünnen und nur die kräftigsten stehen lassen.

3 Ab Mai Töpfe und Schalen nach draußen bringen und immer feucht halten. Bei der Stecklingsvermehrung Stecklinge ins Wasser stellen und eintopfen, sobald sich Wurzeln bilden.

Die auf der Seite gegenüber beschriebene Aussaat *direkt in Töpfe oder Schalen eignet sich auch für Pflücksalate. Wenn man den Pflänzchen einen stickstoffreichen Flüssigdünger verabreicht, fällt die Ernte reicher aus.*

Gefäße bepflanzen

Prüfen Sie, bevor Sie ein Gefäß bepflanzen, ob es genug Abzugslöcher hat. Die Pflanzen im Topf brauchen außerdem genug Abstand zueinander, damit sie nicht um Licht und Nährstoffe konkurrieren und sich gegenseitig bedrängen. Drücken Sie die Erde um sie herum fest, sodass sie nicht umfallen können.

1 Gefäß wie auf S. 32–33 beschrieben vorbereiten. Tontöpfe gegebenenfalls mit Kunststofffolie ausschlagen, dann bis 5 cm unter dem Rand mit Universalerde befüllen und Erde dabei sukzessive festdrücken.

2 Pflanzen noch in ihren ursprünglichen Töpfen auf das Substrat stellen, um zu sehen, ob sie genug Abstand zueinander haben. Bevor sie aus ihrem alten Topf geholt werden, noch einmal wässern.

3 In das Substrat Löcher mit dem für die jeweilige Sorte optimalen Abstand drücken (beim abgebildeten Stielmangold etwa 10 cm) und die Pflänzchen so tief setzen wie zuvor im kleineren Topf. Erde andrücken.

4 Mit feinem Brauseaufsatz auf der Gießkanne gründlich wässern, damit sich die Erde um die Wurzeln setzen kann. Gefäß auch später noch regelmäßig gießen, besonders bei warmer Witterung.

***Gemüse und Obst** sollten immer den Topf zugewiesen bekommen, der für ihre endgültige Größe am besten passt. Besonders schön sehen allerdings Mischpflanzungen in großen Gefäßen aus.*

Obstbäume in Kübel pflanzen

Bei richtiger Pflege fühlen sich viele Obstbäume in Gefäßen wohl und liefern reichlich Erträge. Ideal ist ein junges, zwei- bis dreijähriges Bäumchen auf einer schwachwüchsigen Unterlage, etwa M9 für Äpfel oder Pixy für Pflaumen und Aprikosen. Sehr schwachwüchsige Unterlagen, wie M27 für Äpfel, kommen mit den beengten Verhältnissen in Gefäßen hingegen nicht so gut zurecht. Wählen Sie außerdem eine selbstbefruchtende Sorte oder ziehen Sie ein zweites Exemplar in der Nähe.

1 Äpfel, Birnen, Pflaumen, Kirschen, Feigen, Pfirsiche, Nektarinen, Aprikosen ... sie alle gedeihen in Kübeln prächtig. Vor dem Pflanzen muss ihr Wurzelballen aber in einem Eimer Wasser gründlich eingeweicht werden.

2 Einen Kübel mit mindestens 50 cm Durchmesser und Abzugslöchern im Boden kaufen. Tonscherben, Kiesel oder Styroporstücke in das Gefäß legen, um Staunässe im Wurzelraum zu vermeiden.

3 Eine dicke Schicht Substrat, am besten tonhaltige Erde, in den Kübel geben. Ratsam ist auch das Einarbeiten von Langzeitdünger entsprechend den Herstellerangaben auf der Verpackung.

4 Ballen einweichen, bis keine Blasen mehr aufsteigen. Aus dem Wasser nehmen, aus dem Topf holen, abtropfen lassen, Wurzeln lockern und so in das neue Gefäß setzen, dass der Stamm gerade steht.

5 Der Ballen muss so tief sitzen wie vorher im Topf. Zwischen die Wurzeln Substrat füllen, in das zuvor Langzeitdünger gemischt wurde. Die Erde immer wieder mit den Fingern festdrücken.

TIPP: PFIRSICHBÄUME

Schwachwüchsige Pfirsichsorten sind ideal für die Topfkultur. Im Winter bringt man sie zum Schutz vor Frost und der Kräuselkrankheit (*siehe S. 182*) an einen kühlen Platz. Das Bürsten der Blüten mit einem Pinsel fördert die Bestäubung.

Einmal jährlich sollte der Baum *gedüngt werden. Dazu kratzt man vorsichtig die obere Substratschicht aus dem Topf und ersetzt sie durch frische Erde, in die Langzeitdünger gemischt wurde. Der Ballen muss dauerhaft feucht gehalten werden.*

Obstbäume umtopfen

Obstgehölze müssen gelegentlich das Gefäß wechseln, damit sie frische Nährstoffe bekommen und ihre Wurzeln wieder genug Platz zum Wachsen haben. Jüngere Bäume sollten jährlich in einen größeren Topf umziehen. Ältere Exemplare werden alle paar Jahre umgetopft, doch muss ihr Gefäß nicht unbedingt jedesmal größer sein. Die beste Zeit dafür ist der Spätherbst, doch kann man auch im Winter und zeitigen Frühjahr noch umtopfen.

1 Pflanze vorsichtig aus dem alten Kübel holen. Größere Bäume auf den Boden legen und am Stamm herausziehen. Wenn Gefäß und Ballen sehr schwer sind, gegebenenfalls jemanden um Hilfe bitten.

2 Stamm festhalten und die Wurzeln am Ballenrand behutsam lockern. Lange, dicke und verletzte Wurzeln mit einer Gartenschere stutzen, dabei einen sauberen Schnitt durchführen.

3 Einen neuen Kübel mit Abzugslöchern für den Baum auswählen (*zur Größe siehe oben*). Frisches Substrat mit Tonanteil einfüllen und den Baum so tief wie im alten Topf pflanzen. Erde festdrücken und gut wässern.

TIPP: OBSTSTRÄUCHER UMTOPFEN

1 In großen Kübeln reifen Obststräucher zu stattlicher Größe heran. 40-cm-Topf vorbereiten (*siehe S. 32–33*), mit Substrat füllen und alten Topf hineinstellen, in dem der Strauch vorher stand. Den Rand auffüllen.

2 Plastiktopf herausnehmen und die Pflanze mit Wurzelballen in das entstandene Loch setzen. Erde gut andrücken, um Lufteinschlüsse herauszupressen, und noch etwas mehr Substrat einfüllen.

3 Topf in die Sonne stellen und Netz darüberspannen, damit Vögel die Beeren nicht stibitzen können. Ein Stangenzelt als Netzhalterung ist ideal, da es sich leicht entfernen und wieder aufstellen lässt.

Umgetopft wird *am besten in der Ruhephase der Gehölze zwischen Spätherbst und zeitigem Frühjahr, sofern das Wetter es zulässt.*

Pflege von Topfpflanzen

Pflanzen in Ampeln, Töpfen und Kästen brauchen mehr Pflege als ihre Kolleginnen im Freiland, wo den Wurzeln genug Bodenfeuchtigkeit und Nährstoffe zur Verfügung stehen. In ihren engen Gefäßen sind die Gewächse ganz darauf angewiesen, dass man sie angemessen und regelmäßig versorgt. Allerdings gibt es ein paar Tricks, wie man sich die Arbeit etwas erleichtern kann und Zeit spart.

Wenn Obstbäume und -büsche *mehrere Jahre in ihrem Topf bleiben, können sie eine jährliche Dosis Langzeitdünger im Frühjahr gut brauchen.*

Tomatendünger *sind nicht nur etwas für Tomaten, sondern für alle blühenden und fruchtenden Pflanzen. Halten Sie sich an die Anwendungshinweise.*

Düngen

Drei Hauptnährstoffe brauchen die Pflanzen, um gesund zu bleiben und gut zu wachsen: Stickstoff (N), der für das Blatt- und Triebwachstum gebraucht wird, Phosphor (P), den vor allem die Wurzeln benötigen, und Kalium (K), das die Blüte und den Fruchtansatz fördert. Flüssigvolldünger setzen sich normalerweise aus allen drei Nährstoffen in einem ausgewogenen Verhältnis zusammen. Spezialdünger zur Förderung der Blüten- und Fruchtentwicklung hat einen höheren Kaliumanteil, während Präparate für Blattschmuckpflanzen mehr Stickstoff enthalten.

AUSWAHL

Langzeitdünger sind meist als Granulat erhältlich. Sie lassen sich leicht ausbringen und versorgen Pflanzen die gesamte Wachstumszeit über. Wer den Blüten- oder Fruchtansatz fördern will, verabreicht seinen Gewächsen außerdem einen kaliumreichen Flüssigdünger, sobald sich die Blütenknospen öffnen. Gewächse mit speziellen Bedürfnissen wie Orchideen oder Zitrusbäume brauchen ein speziell auf ihre Pflanzengruppe zugeschnittenes Präparat.

TIPP: MULCHEN

Das Verteilen einer Lage Mulch auf der Substratoberfläche hat mehrere Vorteile: Sie sieht gut aus, hilft Feuchtigkeit speichern und verhindert das Keimen von Unkrautsamen. Als Mulch eignen sich Laubhumus und Rindenschnipsel; Kies und Schiefer sehen sehr dekorativ aus. Tragen Sie nach dem Gießen eine etwa 3 cm hohe Schicht auf.

Wässern

Damit Pflanzen gesund und wüchsig bleiben, müssen sie den ganzen Sommer gut mit Wasser versorgt werden. Kleine Tontöpfe sollten am häufigsten gegossen werden, während in hohen Gefäßen aus Kunststoff und anderen undurchlässigen Materialien das Wasser nicht so schnell verdunstet. Auch das Abdecken der Erde mit Mulch trägt dazu bei, Feuchtigkeit zu bewahren (*siehe Tipp auf der Seite gegenüber*).

Beim Bepflanzen von Gefäßen lässt man zwischen der Oberfläche der Topferde und dem Gefäßrand 5 cm Abstand, sodass Wasser sich dort sammeln und zu den Wurzeln sickern kann. Damit die Wassertropfen nicht wie Brenngläser wirken und das Laub versengen, gießen Sie frühmorgens oder abends und auch nur direkt auf die Erde und nicht auf die Blätter.

Oben: ***Ein gründliches Einweichen*** *des Topfballens ein- oder zweimal die Woche ist sinnvoller als tägliches leichtes Gießen.*

Links: ***Wer nicht die Zeit*** *hat, ständig zu gießen, wählt größere Töpfe. Sie haben ein höheres Erdvolumen und speichern daher mehr Wasser.*

Automatische Bewässerung

Sie arbeiten oft lange oder wollen gelegentlich in Urlaub fahren, haben aber etliche Töpfe, die zu betreuen sind? Dann sollten Sie über ein automatisches Bewässerungssystem nachdenken. Die meisten modernen Anlagen sind mit Zeitschaltuhr erhältlich und werden an einen Wasserhahn im Garten angeschlossen oder an einer Regentonne befestigt. Sie müssen ferner Schläuche mit Zufuhrrohren und kleinen Tropfbewässerungsdüsen verlegen, die das Wasser direkt in die Töpfe leiten.

Manche Systeme sind nicht ganz einfach zu installieren. Wenn sich die Rohre und Tropfbewässerungsdüsen schwer befestigen lassen, legt man die Schläuche ein paar Minuten in heißes Wasser, sodass sie weich werden. Außerdem sollte man alle paar Tage prüfen, ob die Pflanzen angemessen gewässert werden, und die Zufuhr entsprechend justieren.

Oben links: ***Legen Sie*** *einen Schlauch neben die Töpfe und schließen Sie daran ein Zufuhrrohr mit Anschluss für jeden Topf an.*

Oben rechts: ***Mit den Zufuhrrohren*** *werden Tropfbewässerungsschläuche verbunden und auf das Substrat gelegt.*

Links: ***Schließen Sie*** *eine Zeitschaltuhr am Wasserhahn an und stellen Sie sie so ein, dass morgens und abends gewässert wird.*

Himbeeren schneiden

Sommerhimbeeren blühen und fruchten an Ruten vom Vorjahr. Sie bilden höhere Ruten als Herbsthimbeeren und müssen daher gestützt werden, am besten an Drähten, die man zwischen Pfosten spannt. Herbsthimbeeren fruchten am diesjährigen Holz. Sie tragen manchmal schon im ersten Pflanzjahr und zudem länger als Sommerhimbeeren – mitunter sogar bis zum ersten Frost (*siehe auch S. 158–159*).

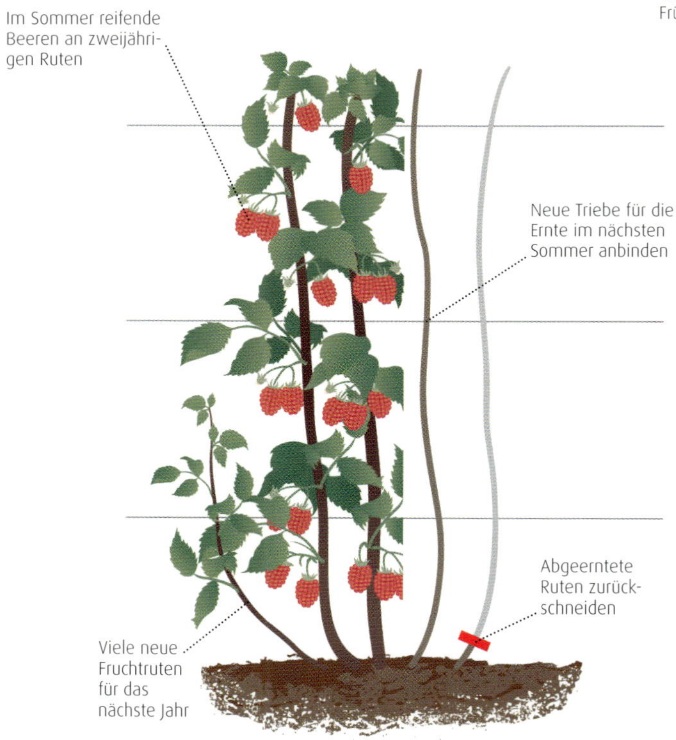

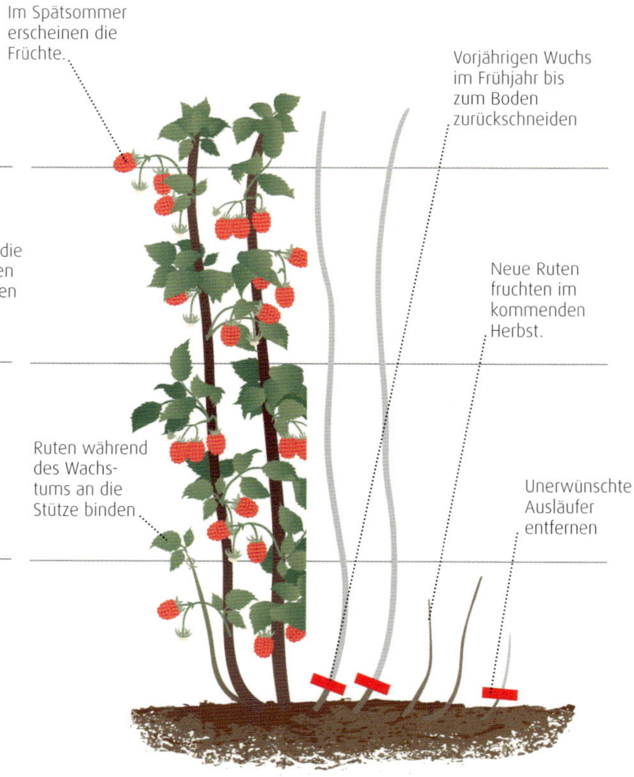

Sommerhimbeeren

Beim Erziehungsschnitt zu Beginn kürzt man alle Ruten sofort nach dem Pflanzen. Später schneidet man abgeerntete Ruten bis zum Boden zurück. In kühlen Gegenden fruchten Sommerhimbeeren an einem geschützten Platz am besten. Ein jährlicher Schnitt sichert reiche Erträge.

Herbsthimbeeren

Einen Erziehungsschnitt führt man durch, indem man alle Ruten im ersten Winter nach dem Pflanzen bis auf Bodenhöhe einkürzt; im Frühjahr treiben sie neu aus. Später wird der gesamte Wuchs jährlich im Frühjahr bis zum Ansatz zurückgeschnitten. Unerwünschte Ausläufer gräbt man aus.

Brombeeren schneiden

Brombeeren und die mit ihnen eng verwandten Hybridbeeren liefern Unmengen großer, saftiger Früchte (*siehe auch S. 150–151*). Sie werden am besten an gespannten Drähten gezogen. Ihre Ruten fruchten erst im zweiten Jahr nach dem Austrieb. Wenn sie länger werden, flicht man sie möglichst waagrecht in die Drähte. Im nächsten Jahr lässt man neue Ruten aufrecht wachsen und bindet sie locker an die oberen Drähte.

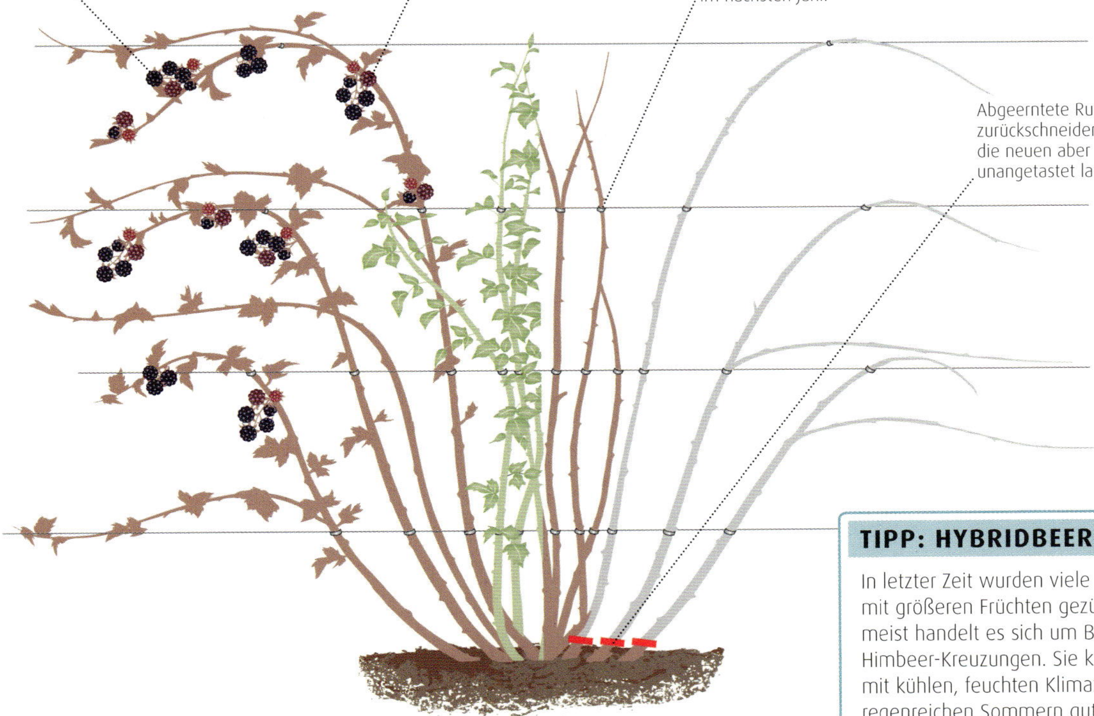

Brombeeren und Hybridbeeren

Der Erziehungsschnitt von Brombeeren und Hybridbeeren, wie Taybeeren und Loganbeeren, erfolgt nach dem Pflanzen und besteht im Einkürzen aller Ruten. An reiferen Büschen stutzt man die älteren horizontal erzogenen Ruten nach der Ernte bis zum Boden zurück, bindet die neuen aufrechten Ruten los und flicht sie anstelle der alten in die Drähte. Sie fruchten im nächsten Jahr.

TIPP: HYBRIDBEEREN

In letzter Zeit wurden viele Hybriden mit größeren Früchten gezüchtet – meist handelt es sich um Brombeer-Himbeer-Kreuzungen. Sie kommen mit kühlen, feuchten Klimazonen und regenreichen Sommern gut zurecht.

Johannisbeeren schneiden

Schwarze Johannisbeeren sind sommergrüne Sträucher mit dünnen Zweigen, die von einem jährlichen Schnitt profitieren. Junge Sträucher Roter und Weißer Johannisbeeren schneidet man so, dass sie 3–4 kräftige Zweige an einem kurzen Stamm tragen. Im Frühjahr und Sommer lässt man alles ungehindert wachsen; Blüten und Früchte gibt es zunächst keine. Im darauffolgenden Winter reduziert man die Zahl der neuen Zweige auf 8–10; ihre Seitentriebe tragen die Früchte (*siehe auch S. 146–147*).

Schwarze Johannisbeeren

Bei einem Erziehungsschnitt kürzt man alle Triebe bis auf 10 cm über dem Ansatz zurück; sie fruchten im ersten Jahr nicht. Lichten Sie später die Mitte des Buschs aus – was nicht geschnitten wird, blüht und fruchtet im kommenden Jahr. Bei älteren Sträuchern reicht es, jährlich einige der ältesten Zweige herauszunehmen.

TIPP: ANDERE JOHANNISBEEREN SCHNEIDEN

Anfangs kürzt man kräftige Zweige um die Hälfte. Sind die Büsche älter, schneidet man abgeerntete Seitentriebe vom Vorjahr auf eine Knospe zurück und entfernt ältere, unproduktive Äste.

Stachelbeeren und Heidelbeeren schneiden

Stachelbeeren fruchten am besten an Kurztrieben vor- oder mehrjähriger Zweige. Heidelbeeren blühen am vorjährigen Holz. Kräftige Triebe, die im Frühjahr und Sommer erscheinen, tragen im nächsten Jahr Beeren und dürfen daher nicht entfernt werden (*siehe auch S. 149 und S. 156–157*).

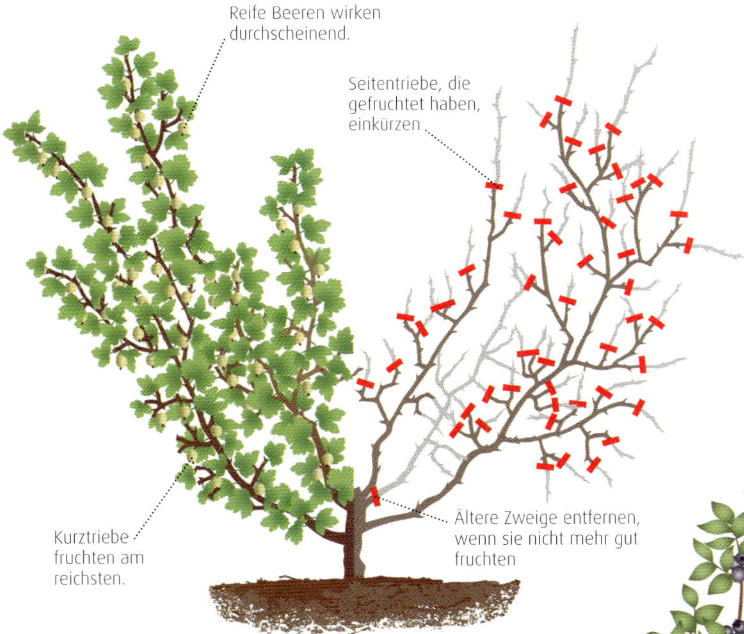

Stachelbeeren

Bei einem Erziehungsschnitt kürzt man die Triebe frisch gesetzter Büsche. Ältere Sträucher schneidet man, indem man im Winter die ältesten Zweige ganz entfernt. Um ein System aus Kurztrieben zu entwickeln, kürzt man Seitentriebe, die gefruchtet haben, auf eine Knospe über dem Ansatz zurück.

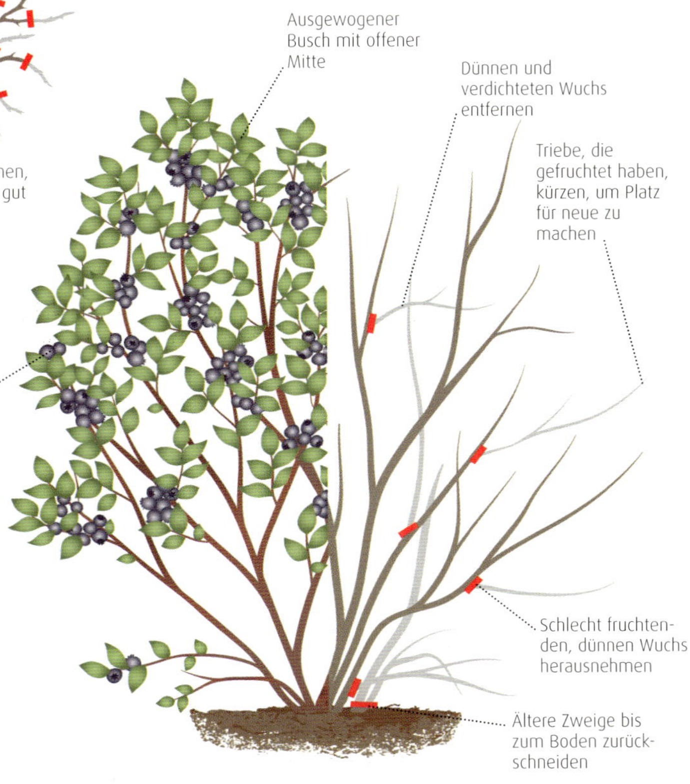

Heidelbeeren

Im ersten Winter nach dem Pflanzen werden lange und dünne Triebe sowie solche, die eine offene Mitte verhindern, bis zum Ansatz zurückgeschnitten. Ältere Exemplare dünnt man jährlich im Winter aus, wobei man einige ältere Zweige komplett entfernt.

Äpfel und Birnen schneiden

Äpfel und Birnen werden am besten auf schwach wachsende Unterlagen veredelt. Manche Apfelsorten tragen ihre Früchte am Ende vorjähriger Langtriebe, die meisten aber fruchten an Kurztrieben, also den Seitentrieben mindestens zweijähriger Zweige. An Ersteren entfernt man einige ältere Zweige, damit sich Ersatz bildet, an Letzteren kürzt man den neuen Wuchs um die Hälfte. Schwächere Äste stutzt man kräftig, unerwünschte Triebe entfernt man bis zum Ansatz (*siehe auch S. 138–139*).

Äpfel

Ältere Gehölze schneidet man vorwiegend im Winter. Aber Vorsicht: Ein zu starker Rückschnitt älterer Äste führt zur Bildung von Wassertrieben. Frei stehende Topfexemplare können als Halbstamm oder Busch gezogen werden.

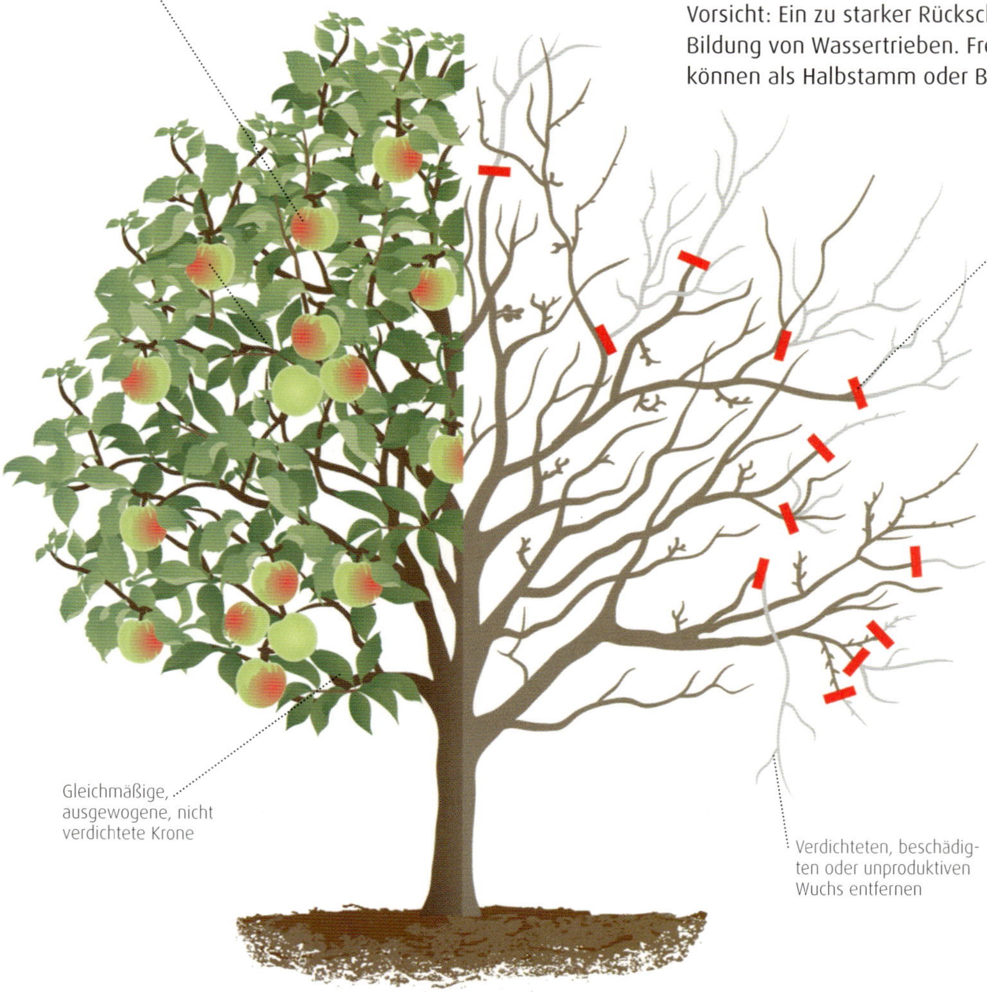

TIPP: BIRNEN

Zum Schnitt schwach wachsender Formen, die für die Topfkultur ideal sind, siehe Seite 140. Die meisten Birnen fruchten an den Kurztrieben mindestens zweijähriger Seitentriebe. Man schneidet sie zweimal jährlich: im Winter als Formschnitt und im Sommer, damit sie besser fruchten.

Kirschen schneiden

Süß- und Sauerkirschen müssen unterschiedlich geschnitten werden. Süßkirschen fruchten an mindestens zweijährigem Holz, weshalb man älteres Holz nur minimal schneiden sollte. Sauerkirschen dagegen fruchten nur an einjährigem Holz und werden entsprechend geschnitten. Um das Infektionsrisiko zu minimieren, werden Kirschen während warmer, trockener Wetterperioden im Frühjahr und Sommer geschnitten (*siehe S. 142*).

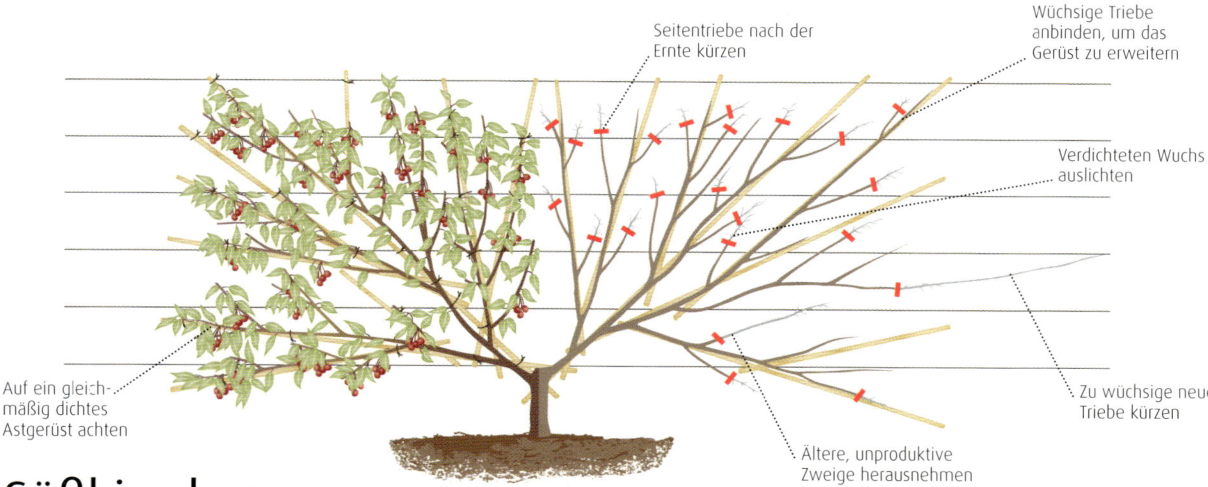

Süßkirschen

Schneiden Sie frei stehende Exemplare anfangs so, dass ein mindestens 75 cm hoher Stamm entsteht. Später kürzt man nicht fruchtenden, neuen Wuchs im Sommer. An Fächern lichtet man verdichteten Wuchs aus und kürzt neue Triebe, um das Gerüst zu bewahren.

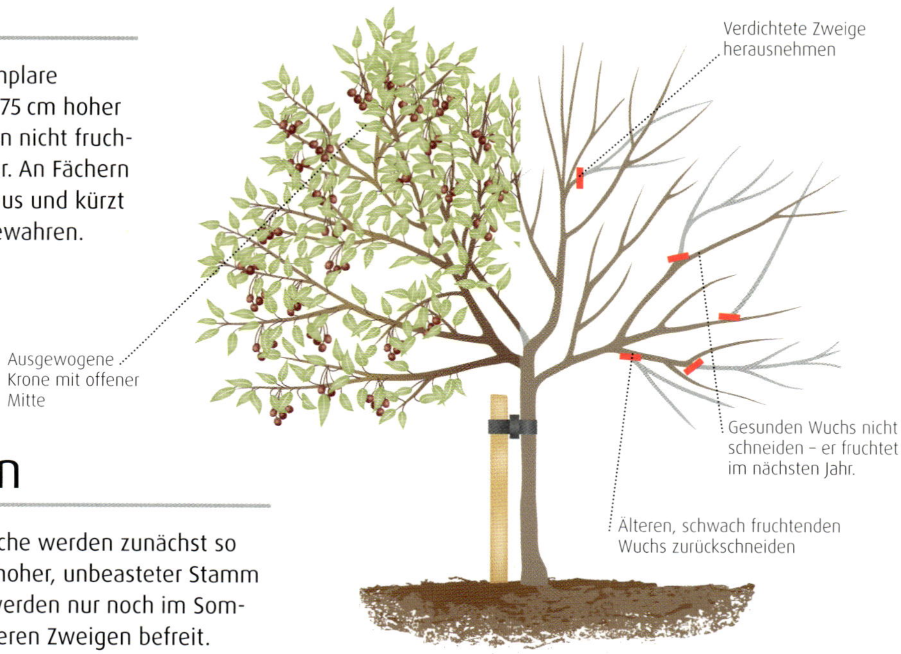

Sauerkirschen

Junge Halbstämme oder Büsche werden zunächst so geschnitten, dass ein 75 cm hoher, unbeasteter Stamm entsteht. Ältere Exemplare werden nur noch im Sommer ausgedünnt und von älteren Zweigen befreit.

Pflaumen und Pfirsiche

Diese Obstgehölze werden an warmen, trockenen Tagen im Sommer geschnitten, um das Risiko einer Infektion zu verringern. Lichten Sie Früchte aus, die sich berühren oder voraussichtlich berühren werden, und solche, die keine Sonne bekommen. Bei Spalierpfirsichen kürzt man jeden frischen Wuchs, der Schatten auf die Früchte wirft, entfernt nach der Ernte die abgeernteten Zweige und bindet Ersatz an die Stütze (*siehe auch S. 143 und 160*).

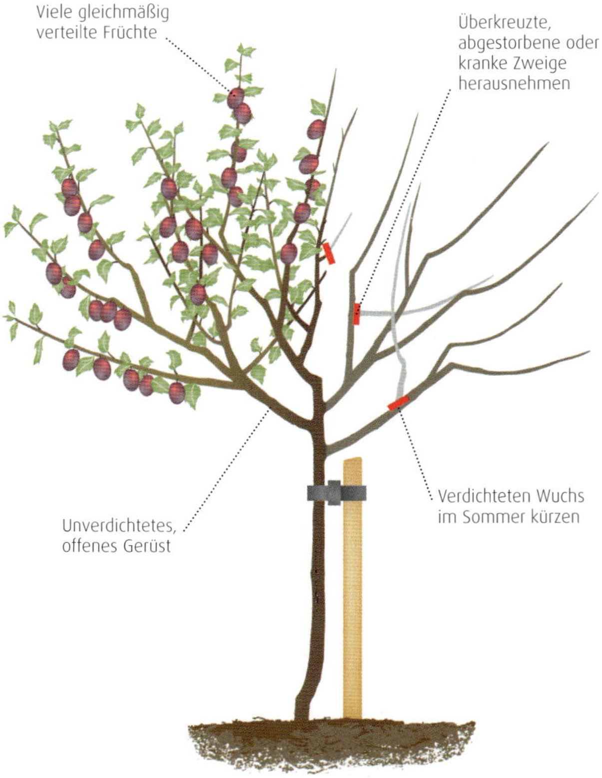

Pflaumen

Erziehen Sie frei stehende Exemplare als Baum oder Busch, an Drähten erzogene als Fächer. Die Zweige und Früchte älterer Bäume werden bei Bedarf im Sommer ausgedünnt. An Fächern entfernt man ältere Zweige und bindet frischen Wuchs als Ersatz an.

Pfirsiche

Frei stehende Gehölze werden mit offener Krone und bis zu zehn Leitästen erzogen. Ältere Exemplare schneidet man im Sommer, um sie auszulichten und die Zahl der Früchte zu reduzieren.

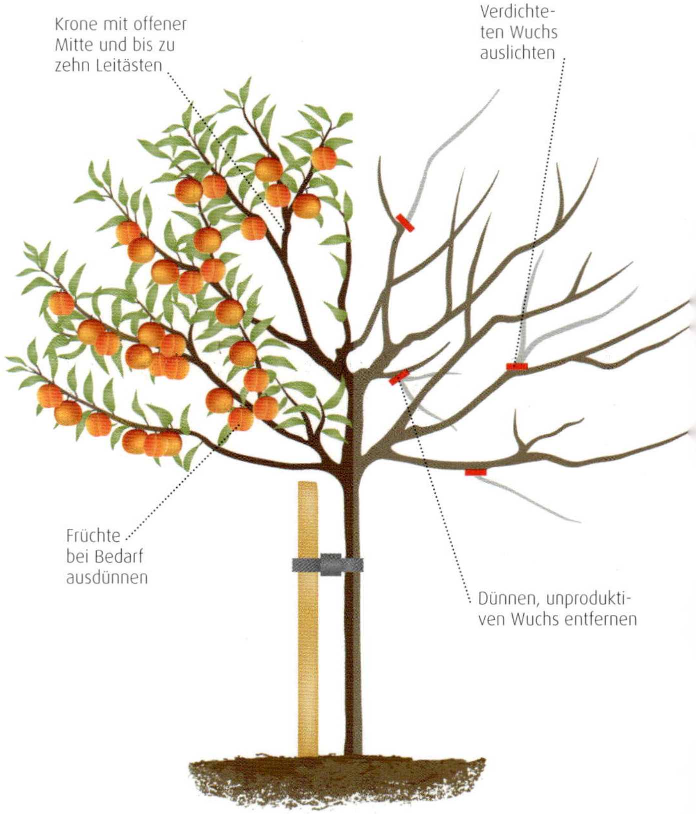

Aprikosen schneiden

Jungbäume werden im Frühjahr geschnitten und erzogen. Für einen Busch oder Baum behält man 3–4 Leitäste und schafft über einem unbeasteten, mindestens 75 cm hohen Stamm eine offene Krone. Bei Bedarf werden Früchte im Hochsommer ausgedünnt. Ältere Fächer befreit man von laubreichem Wuchs, der den Aprikosen im Sommer die Sonne nimmt. Nach der Ernte schneidet man Fruchttriebe zurück und bindet Ersatz an (*siehe auch S. 161*).

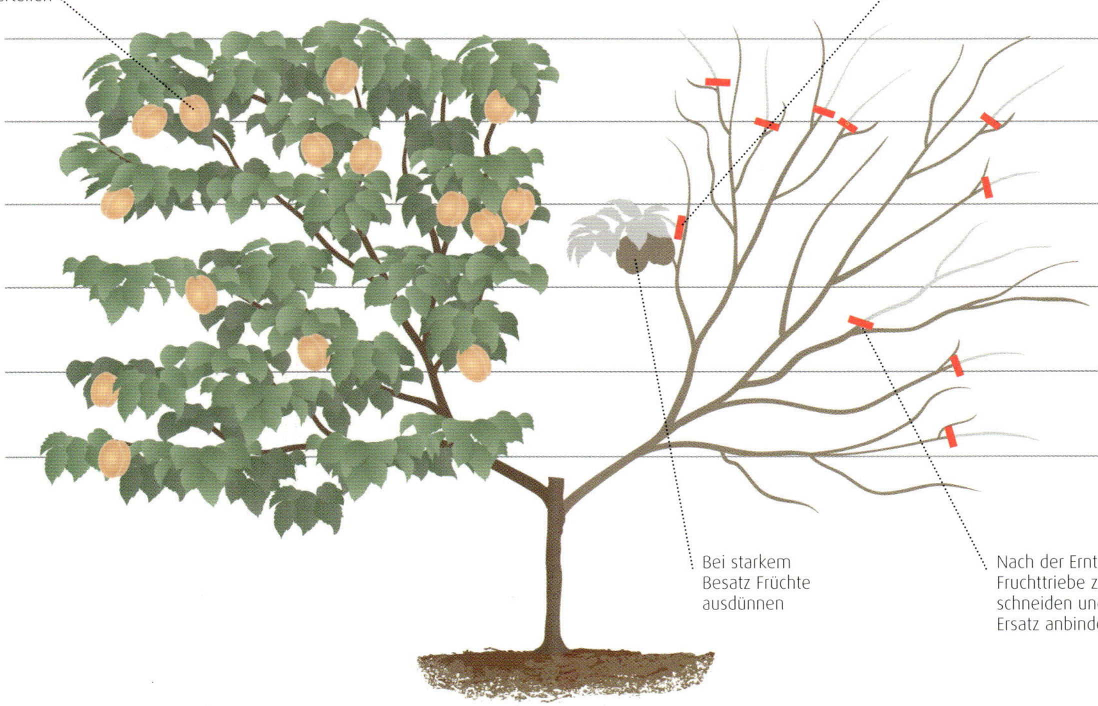

Aprikosen

Erziehen Sie frei stehende Bäume mit 3–4 Leitästen. Aprikosen können aber auch als Fächer an gespannten Drähten erzogen werden. An älteren Exemplaren entfernt man unproduktiven Wuchs und dünnt Zweige aus, damit reifende Früchte Sonne bekommen. An Fächern kürzt man die Fruchttriebe und bindet Ersatz an.

TIPP: FÄCHERERZIEHUNG

Aprikosen reifen in kühlen Gegenden besser, wenn man die Bäume vor einer warmen Südmauer zieht. Durch Erziehung als Fächer an waagerechten Drähten schafft man ein gleichmäßiges Astgerüst.

Feigen und Oliven schneiden

Im Mittelmeerraum tragen Feigen jedes Jahr zwei- bis dreimal Früchte, bei uns hingegen reift bestenfalls eine Ernte voll aus. Zum Ende der Erntesaison entwickeln sich winzige Früchte, die überwintern und erst im nächsten Jahr reifen. Bei uns werden sie im Herbst entfernt, denn sie haben keine Zeit mehr auszureifen. Oliven tragen in unseren Breiten kaum Früchte und werden mit einem Schnitt daher lediglich in Form gebracht (*siehe auch S. 144–145*).

Feigen

Schneiden Sie Junggehölze so, dass eine offene Mitte entsteht. Erzieht man sie an Drähten, bindet man wüchsige Triebe an und kürzt die übrigen. Reifere Exemplare werden von unproduktiven, älteren Zweigen befreit.

Oliven

Olivenbäume können ein- oder mehrstämmig erzogen werden. Hochstämme stutzt man im Sommer etwas, um die Silhouette der Krone zu verbessern. Mehrstämmige Exemplare erhält man, wenn man den Leittrieb von Jungpflanzen einkürzt. Nach dem Anwachsen werden Zweige nur noch leicht im Spätherbst und Winter zurückgeschnitten, um einen kompakten Wuchs zu erreichen.

Zitrusfrüchte schneiden

Zu den Zitrusfrüchten werden Zitronen, Limetten, Orangen, Bitterorangen und Grapefruits gezählt. Die Früchte können jederzeit reifen. Sie brauchen dafür bis zu neun Monate, sodass sie oft gleichzeitig mit der nächsten Blüte erscheinen. Allerdings fruchten Zitrusgewächse nur in warmen Klimazonen verlässlich. Bäume brauchen wenig Schnitt, doch kann man die Triebe von Jungpflanzen im Februar und März kürzen, um buschigen Wuchs zu fördern (*siehe auch S. 164–167*).

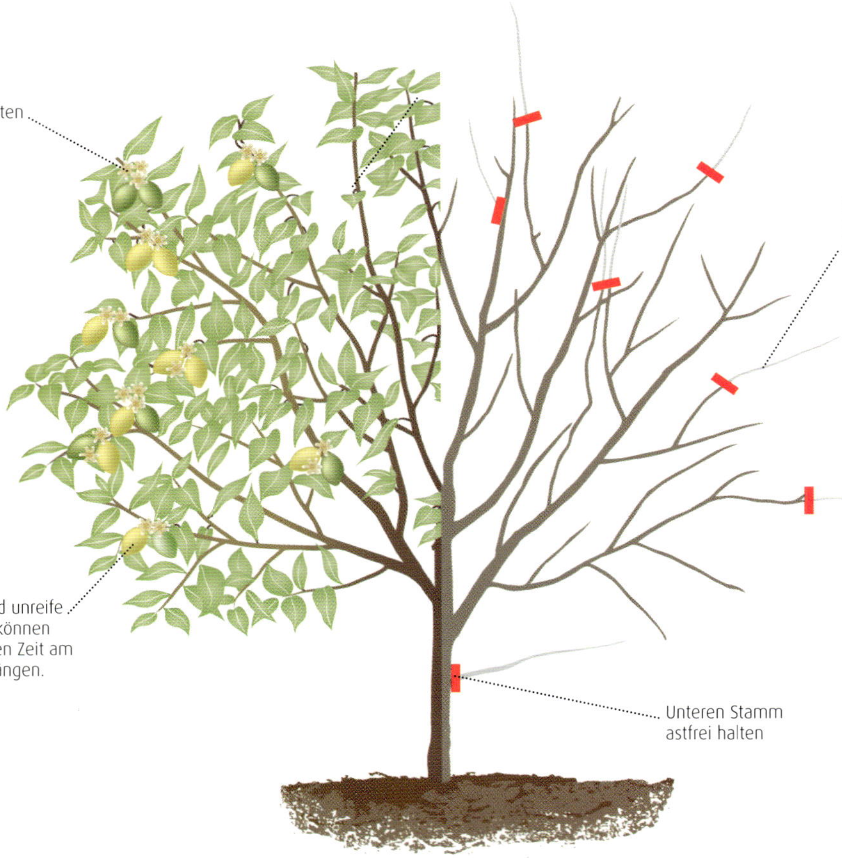

Zitrusfrüchte

Erziehen Sie Jungbäume so, dass ein 30 cm hoher Stamm mit buschiger Krone entsteht. Ältere Exemplare begrenzt man lediglich bei Bedarf und befreit sie von verletztem, krankem und überkreuztem Wuchs. Zwergformen von Clementinen, Tangerinen, Satsumas und Mandarinen müssen kaum geschnitten werden.

TIPP: SCHWERE FRÜCHTE

Entfernen Sie am besten die unteren Äste von Zitrusgehölzen mit schweren Früchten wie Orangen und Grapefruits, damit sie nicht bis zum Boden hängen und durch den Kontakt mit der Erde faulen.

Pflanzen und Töpfe schützen

Wer nicht winterhartes Obst und Gemüse vor Frost zu schützen weiß, kann selbst in unseren kühlen Breiten Gutes aus südlicheren Gefilden genießen. Aber auch winterharte Arten profitieren von wärmenden Vorsichtsmaßnahmen, denn man kann sie früher ausäen und später ernten, was die Saison nicht unwesentlich verlängert. Übrigens: Nicht nur Pflanzen, auch Töpfe brauchen Schutz.

Kurzzeitiger Frostschutz

Topfpflanzen lassen sich vor kalten Nächten im Frühjahr und Herbst problemlos auf die Schnelle schützen. Kleine Gefäße bringt man kurzerhand nach drinnen, größere deckt man ab. Sehr empfindliche Arten, wie Tomaten, Paprika, Zucchini und Feuerbohnen, leiden aber selbst dann noch unter Minusgraden, wenn sie bereits an die Freilandbedingungen gewöhnt wurden. Auch frühe Aussaaten und herbstliches Blattgemüse bedanken sich für Schutzmaßnahmen mit höheren Erträgen.

Traditionelle Abdeckungen sind aus Glas, doch ist gegen Alternativen aus Kunststoff nichts einzuwenden, denn sie sind leichter und für Topfgewächse sicherer. Wuchsglocken eignen sich vor allem zum Abdecken eines Gefäßes mit Jungpflanzen, Folientunnel eher für Hochbeete, Kästen und Stellagen. Gartenvlies ist vielseitig einsetzbar: Man spannt es über Drähte und Ruten oder legt es einfach nur über die zu schützenden Pflanzungen.

Wickeln Sie *frostempfindliche Pflanzen in Vlies, falls Minusgrade drohen. Die Abdeckung wird an den Topf gebunden, damit der Wind sie nicht fortbläst.*

Zitrusbäume *müssen in kühlen Räumen mit viel Tageslicht überwintert werden, damit sich die Früchte überhaupt bilden und ausreifen.*

Empfindliche Pflanzen überwintern

Die meisten nicht winterharten Obst- und Gemüsearten werden wie Einjährige jedes Jahr neu aus Samen gezogen. Zitrusfrüchte und Chilis aber sollten drinnen überwintert werden – nicht nur weil sie keinen Frost vertragen, sondern weil sie obendrein im Herbst und Winter Früchte tragen. Deshalb bringt man sie in die Wohnung, sobald sich das Thermometer der Nullgradgrenze nähert. Ideal ist ein heller, kühler Raum, z.B. ein Wintergarten. Stellen Sie die heiklen Exoten nicht neben Heizkörper oder in den Windzug. Dankbar sind sie für Teller oder Schalen, die mit Kieseln und Wasser gefüllt wurden und die Luftfeuchtigkeit erhöhen. Gießen hingegen sollte man sie zurückhaltend.

Töpfe schützen

Nicht nur Pflanzen leiden unter kalten Nächten und Frost, sondern auch Gefäße. Am gefährdetsten sind kleine, dünnwandige Töpfe aus porösem Material, wie Ton, allen voran Terrakotta, denn es absorbiert Wasser, das sich beim Frieren ausdehnt und den Topf zerspringen lässt. Kunststoff und schwere, nicht poröse Betongefäße kann man dagegen draußen lassen. Wenn Sie einen nicht frostfesten Topf haben, ihn aber trotzdem das ganze Jahr draußen lassen möchten, brauchen Sie nicht zu verzagen: Es gibt durchaus Mittel und Wege, ihn in der Kälte über die Runden zu bringen. Stellen Sie das Gefäß zunächst einmal erhöht, etwa auf einen Roller, Tonfüße oder kleine Steine, damit es vor Bodenfrost geschützt ist und Wasser abflaufen kann. Außerdem schlägt man es vor dem Befüllen mit Erde und dem Bepflanzen mit Luftpolsterfolie aus. Sinnvoll ist es ferner, Töpfe zusätzlich außen mit einer Lage Sackleinen zu umwickeln. Das schützt nicht nur das Material, sondern auch die Wurzeln der Pflanzen vor Schäden.

Solche Schäden *sind typisch für Tontöpfe, die im Winter draußen geblieben sind. Man lagert sie daher am besten trocken, etwa in einem Schuppen.*

Stellen Sie *Töpfe erhöht auf Tonfüße. Man bekommt sie in den verschiedensten Ausführungen, ob traditionell oder modern-dekorativ.*

Um Tongefäße *draußen zu überwintern, wickelt man sie in Sackleinen, das man mit einer Schnur befestigt, damit es nicht nach unten rutscht.*

TIPP: LEERE GEFÄSSE LAGERN

Braucht man Töpfe im Winter nicht, räumt man sie am besten zum Herbstende aus dem Weg und lagert sie im Gewächshaus oder Schuppen. Davor müssen sie aber gereinigt werden (*siehe S. 33*).

GEMÜSE IN TÖPFEN

Die meisten Gemüsesorten gedeihen in Gefäßen auf Terrassen und Balkonen oder in Innenhöfen prächtig. Die Köstlichkeiten hautnah heranreifen zu sehen macht fast so viel Spaß wie das Ernten und Essen. In diesem Kapitel erfahren Sie, welches Gemüse sich für beengte Verhältnisse und Ihren Garten am besten eignet. Ihren kulinarischen Erfahrungshorizont erweitern Sie, indem Sie hin und wieder neue Sorten ausprobieren, die es noch nicht überall in Läden zu kaufen gibt.

Zucchini und Kohl *in großen Gefäßen liefern entsprechende Mengen Sommergemüse. Für Kräuter hingegen reichen auch kleine Töpfe. Zucchini und Chilis brauchen reichlich Sonne.*

Gemüsekultur im Jahreslauf

Ob im Freilandbeet oder in Gefäßen, eigenes Gemüse heranzuziehen hält Sie viele Monate im Jahr auf Trab. Im Frühjahr stehen die Vorbereitung der Töpfe und die Aussaat auf dem Programm. Anschließend müssen die Pflänzchen gut umsorgt werden, damit sie auch reichlich tragen. Im Sommer und Herbst wird geerntet. Den Winter wiederum können Sie zum Aufräumen und Planen der nächsten Saison nutzen.

Frühjahr

AUSSAAT

Säen Sie Gemüse im Gewächshaus aus, um winterharten und empfindlichen Sorten zu einem optimalen Start in die Saison zu verhelfen. Den Anfang machen Auberginen, Rote Bete, Karotten, Gurken, Paprika und Tomaten.

In der Frühjahrsmitte sät man Busch- und Stangenbohnen, Rote Bete, Brokkoli, Karotten, Spinat und Stielmangold direkt in Gefäße und deckt sie bei Frost ab.

Im späten Frühjahr werden nicht winterharte Sorten wie Zucchini, Paprika und Tomaten im Gewächshaus ausgesät.

PFLANZUNG

Im zeitigen Frühjahr pflanzt man Knoblauch, Speisezwiebeln und Schalotten aus.

Pikieren Sie Sämlinge von Lauch und Auberginen. Sollen sie ins Freie, muss man sie vorher abhärten.

Mit Abdeckungen schützt man empfindliche Sorten vor Frost und Schädlingen.

Im späten Frühjahr werden Setzlinge abgehärtet und ausgepflanzt.

Beginnen Sie mit dem Umsetzen gut entwickelter Zucchini-Setzlinge. Bei Bedarf deckt man sie ab.

Pflanzen Sie gekaufte Kräuter ab Mai.

ERNTE

Ernten Sie im späten Frühjahr Grünkohl, Brokkoli und Stielmangold aus der letzten Saison und beginnen Sie mit der Ernte diesjähriger Erbsen, Salate, Kräuter und Frühlingszwiebeln.

LAUFENDE PFLEGE

Im zeitigen Frühjahr räumt man das Gewächshaus auf. Entfernen Sie am Ende der Frostperiode Luftpolsterfolien und putzen Sie die Fenster. Funktioniert die automatische Lüftung noch? Streichen Sie Holz, wenn nötig, und waschen Sie Böden und Stellagen mit Wasser und einem Desinfektionsmittel ab.

Stellen Sie Stützen für Kletterpflanzen und Stangenzelte aus Bambusruten für Bohnen auf.

Im späten Frühjahr werden alle Saatschalen und Gefäße für Frühsommeraussaaten vorbereitet.

Entfernen und entsorgen Sie Unkräuter, sobald sie sich zeigen.

Decken Sie empfindliche Jungpflanzen in kühlen Nächten ab.

Wässern Sie regelmäßig.

Topfpflanzen können manchmal eine Kopfdüngung brauchen.

Schneiden Sie mehrjährige Kräuter wie Rosmarin, Thymian und Salbei zurück. Horstbildende Kräuter werden geteilt und bei Bedarf neu gepflanzt.

__Im Frühjahr__ werden Gemüsesamen in Töpfe und Saatschalen gesät.

__Optimal in die Saison__ starten winterharte wie auch empfindliche Sorten im Anzuchtkasten.

Sommer

AUSSAAT

Im Frühsommer sät man Rote Bete, Karotten, Zucchini, Bohnen, Kräuter, Erbsen, Rettiche und Radieschen. Im Spätsommer sät man Sorten, die im Herbst und Winter geerntet werden.

PFLANZUNG

Siedeln Sie im Frühsommer alle drinnen gesäten Sämlinge an ihren endgültigen Standort um.

ERNTE

Ernten Sie Rote Bete, Zucchini, Kopfsalat, Erbsen, Knoblauch, Speisezwiebeln, Tomaten, Auberginen, Paprika, Kartoffeln, Karotten und Stielmangold. Geerntet werden die Früchte meist einzeln, sobald sie reif sind – das fördert bei Sorten wie Zucchini und Paprika den Neuansatz.

LAUFENDE PFLEGE

Düngen und wässern Sie regelmäßig, vor allem wenn es wärmer wird und die Pflanzen zu fruchten beginnen.

Jäten Sie alle Gefäße gut.

Binden Sie Kletterpflanzen an ihre Stütze und zwicken Sie Triebspitzen ab, um einen buschigen Wuchs zu fördern.

Entfernen Sie von Stabtomaten die Seitentriebe.

Häufeln Sie Kartoffeln und Lauch an.

Düngen, jäten und wässern Sie Gewächshauspflanzen regelmäßig. An warmen Tagen muss man lüften, sonst wird es den Pflanzen zu heiß. Bedecken Sie die Scheiben, damit die Pflanzen Schatten haben, und befeuchten Sie den Boden. Schädlinge und Krankheiten werden sofort bekämpft.

Kräuter werden nach der Blüte entspitzt oder mit der Heckenschere gestutzt, damit sie nicht blühen können; für Minze oder Salbei ist das ideal.

Herbst und Winter

AUSSAAT

Im Frühherbst sät man Spinat und Stielmangold unter Glas. Auch winterharte Blattsalate für die Ernte im Winter und Frühjahr werden jetzt gesät.

Pflanzen Sie Herbstknoblauch und winterharte Steckzwiebeln. In milden Gegenden kann man Karotten und Erbsen, die überwintern sollen, jetzt säen.

Ab der Wintermitte sät man winterhartes Gemüse wie Lauch, Kopfsalat, Speisezwiebeln und Erbsen unter Glas aus, damit man es im zeitigen Frühjahr nach draußen pflanzen kann.

ERNTE

Viele Gemüsesorten müssen jetzt komplett geerntet werden, etwa Rote Bete, Karotten, Chilis, Bohnen, Paprika und Tomaten. Grünkohl und Lauch sind in der Regel ebenfalls erntereif, können aber noch draußen bleiben.

Im Winter erntet man Kohl und Lauch.

LAUFENDE PFLEGE

Im Herbst entsorgt man Pflanzen, die man nicht mehr braucht, und bringt das Gewächshaus auf Vordermann, bevor Topfgewächse zum Überwintern hineingestellt werden.

Räumen Sie leere Gefäße weg und entsorgen Sie Pflanzenreste – sofern sie keine Krankheiten haben, kann man sie ruhig auf den Komposthaufen werfen. Leere Töpfe werden im Schuppen oder Gewächshaus gestapelt.

Kompostieren Sie abgefallenes Laub.

Bestellen Sie frische Samen, Saatkartoffeln, Steckzwiebeln und wurzelnackte Gehölze. Saatkartoffeln können jetzt vorgekeimt werden.

Nicht beheizte Gewächshäuser werden mit Luftpolsterfolie isoliert, um Frost im Inneren zu vermeiden. Prüfen Sie die Pflanzen regelmäßig auf Schädlinge und Krankheiten und halten Sie die Erde leicht feucht.

Wenn der Sommer *in den Herbst übergeht, müssen viele Sorten komplett geerntet werden, etwa Rote Bete, Bohnen und Tomaten. Kopf- und Grünkohl sowie Lauch kann man auch im Winter ernten.*

Blattsalate

Kaum ein Gemüse lässt sich leichter ziehen. Blattsalate eignen sich bestens für die Kultur in Töpfen, wo man sie auch vor marodierenden Schnecken schützen kann. Die größte Auswahl hat man beim Samenkauf. Pflücksalate sind schon Wochen nach der Aussaat erntereif. Mischen Sie Blattformen und Geschmacksrichtungen.

Pflanzen
Blattsalate

Höhe und Breite
H bis 20 cm,
B bis 30 cm

Standort
Sonne oder Halbschatten

Härte
Winterhart

Erntezeit
Frühjahr bis Winter

Topfgröße
15 cm und größer

Topfmaterial
Metall, Ton, Kunststoff, Flechtkörbe

Substrat
Universalerde

Blattsalate schmecken nicht nur fein, wenn man sie frisch aus dem Garten erntet, sie geben auch dekorative Topfpflanzen ab. Füllen Sie ein Gefäß mit etwas Blumenerde und säen Sie den Salat dünn auf der Oberfläche aus. In kleinen Töpfen beschränkt man sich auf vier, fünf Körnchen Kopfsalat, Romana-Salat oder Eissalat, die einen Kopf bilden. Pflücksalatsorten kann man getrost dichter säen, da sie nicht ausgedünnt werden müssen. Wer wöchentlich ein paar Töpfe besät, kann den ganzen Sommer über kontinuierlich ernten. Allerdings keimen die Samen nicht bei Temperaturen über 25 °C. Wenn Salate mit geschlossenen Köpfen ein paar Zentimeter hoch sind, dünnt man sie entsprechend den Angaben auf der Verpackung aus oder lässt sie etwas dichter als empfohlen wachsen.

PFLEGE

Gießen Sie Blattsalate regelmäßig; vor allem bei großer Hitze brauchen sie täglich ihre Ration. Im Hochsommer stellt man die Töpfe am besten in einen leicht schattigen Winkel. Wassermangel und zu viel Wärme lässt die Pflanzen »schossen«, d.h., sie entwickeln lange Blütenstände und werden bitter. Zu viel Wasser wiederum lässt sie faulen. Die meisten handelsüblichen Universalerden enthalten genug Nährstoffe, um Blattsalate ein paar Wochen lang zu versorgen, danach aber brauchen sie einen stickstoffreichen Spezialdünger. Schützen Sie Ihre Salate gut vor Schnecken, die die Blätter lieben. Es lohnt sich, die Töpfe alle paar Tage nach den schleimigen Übeltätern abzusuchen und die Tiere zu entfernen.

TIPP: ERNTE

Kopf-, Romana- und Eissalate lässt man wachsen, bis sie einen festen Kopf bilden. Dann schneidet man den Strunk direkt an der Basis mit einem scharfen Messer ab. Pflücksalate lassen sich knapp über dem Ansatz komplett kappen. Anschließend treiben sie wieder neu aus. Genauso gut allerdings kann man immer nur so viele Blätter abzupfen, wie man gerade braucht – auch sie wachsen nach. Am besten zieht man von jedem der beiden Typen ein paar Exemplare – und genießt so das Beste beider Welten!

Mitte: ***Eine alte Zinkwanne*** *beherbergt hier stilvoll eine Gruppe aus grünen und rotlaubigen Pflücksalaten mit gewellten Blättern.*

Blattsalate: Sorten

'Nymans' *ist ein zweifarbiger Kopfsalat mit dunkelroten Blättern und grünem Ansatz. Schosst kaum. Mehltauresistent.*

'Winter Density' *heißt eine kompakte Sorte mit dunkelgrünem Kopf, die im Herbst gesät und im Winter geerntet wird.*

'Bubbles' *mit runzeligen Blättern schmeckt sehr süß und ist wegen seiner geringen Größe ideal für die Topfkultur.*

'Lollo Rossa' *trägt gekräuselte Blätter, die Farbe in Salate bringen. Sie haben aber auch einen hohen Zierwert.*

'Pandero' *heißt ein köstlicher roter Romana-Salat mit knackigen Blättern. Eine mehltauresistente Zwergsorte.*

'Tintin' *ist etwas größer als 'Little Gem' und schmeckt besonders gut. Gewölbte Blätter bilden einen festen Kopf.*

'Salad Bowl' *besitzt gewelltrandige Blätter. Die Pflanzen können Köpfe bilden oder man behandelt sie als Pflücksalat.*

'Little Gem' *bildet aufrechte, dunkelgrüne Köpfe aus knackigen Blättern und hat einen ausgezeichneten süßen Geschmack.*

Blattsalate auf der Fensterbank

Frische Salate immer griffbereit haben? Das geht ganz leicht: Säen Sie einfach ein paar Blattsalate in einen Kasten vor dem Küchenfenster. Pflücksalate, Mizuna und Rucola können ziemlich dicht stehen. Die jungen, zarten Blätter lassen sich schon bald abernten. Anschließend treiben sie noch zwei- bis dreimal aus.

1 Blumenkästen oder Pflanzsäcke passen gut auf eine Fensterbank. Im geflochtenen Übertopf sehen sie noch besser aus. Gefäß bis 2 cm unter den Rand mit Erde füllen und 5 mm tiefe Rillen mit 5 cm Abstand ziehen.

2 Samen von Pflücksalaten zwischen Daumen und Zeigefinger nehmen und gleichmäßig in die Rillen streuen. Salate mit festerem Kopf etwas weniger dicht aussäen.

3 Samen mit wenig Erde bedecken und mit feiner Brause wässern, um sie nicht wegzuschwemmen. Substrat stets feucht halten und Sämlinge bei Bedarf ausdünnen.

4 Sobald die Pflänzchen 5–10 cm hoch sind, nach Bedarf ernten und dabei 2–3 cm über der Erde abschneiden. Sie treiben neu aus und können nach etwa zwei Wochen erneut abgeerntet werden.

TIPP: SETZLINGE

Lücken im Blumenkasten auf der Fensterbank sind schnell geschlossen, wenn man freie Stellen mit gekauften Setzlingen füllt. Die Pflänzchen werden nach dem Kauf gründlich gewässert und an die Stelle von Salaten gesetzt, die ihre beste Zeit hinter sich haben.

Ein Ensemble aus Salaten *und Kräutern im Blumenkasten ist auch etwas fürs Auge. Ernten Sie regelmäßig Blätter und ersetzen Sie abgeerntete oder müde gewordene Exemplare, damit das Ganze immer ansehnlich bleibt.*

Asia-Salate

Sie sind klein an Statur, aber groß im Geschmack. Wenn man sie mit Blumen kombiniert, schwingen sie sich auch noch zu dekorativen Ziergewächsen auf. Asia-Salate lassen sich problemlos ziehen und sind einige Wochen nach der Aussaat erntereif – Minisalate haben es sogar noch eiliger. Sie alle brauchen wenig Pflege: Gelegentliches Gießen und das Abzupfen von Blättern genügt völlig, damit sie lange Schmackhaftes für die Küche liefern.

Serapta-Senf und Mizuna

Pflanzen
Brassica juncea 'Red Giant', Mizuna, *Calendula*

Standort
Sonne oder Halbschatten

Härte
Verträgt keinen Frost

Erntezeit
Frühjahr bis Herbst

Topfgröße
Mindestens 20 cm

Topfmaterial
Beliebig

Substrat
Universalerde

Flechtkörbe sind dekorative Gefäße für einen lebendigen Mix aus Asia-Salaten und orangefarbenen Ringelblumen. Die gesägten Blätter des Mizuna bilden einen reizvollen Kontrast zu dem runden violetten Laub des Serapta-Senfs *Brassica juncea* 'Red Giant'. So unterschiedlich sie aber sind, in Salaten haben sie etwas gemeinsam: Sie geben ihnen mit ihrem pfeffrigen Geschmack Pfiff. Ringelblumen steuern nicht nur Farbe zur Korbbepflanzung bei: Ihre Blüten sind essbar, man kann sie Salaten zufügen.

Samen von Serapta-Senf und Mizuna mischt man und sät sie gemeinsam. Ringelblumen dagegen werden separat herangezogen. Erst wenn sie 15 cm hoch sind, pflanzt man sie dazu. Eine andere Möglichkeit ist, Jungpflanzen zu kaufen.

PFLEGE

Gießen Sie regelmäßig, damit die Erde immer feucht bleibt – in trockenem Substrat entwickeln die Pflanzen bittere Blätter und schossen. Man zupft vom äußeren Rand immer nur so viele Blätter, wie man für den Salat braucht.

TIPP: AUSSAAT

Säen Sie Serapta-Senf, Mizuna, Rucola oder Salatmischungen in Töpfe mit Universalerde (*siehe S. 78–79*). Zu dicht stehende Sämlinge dünnt man aus, sobald sie groß genug sind. Die ausgezupften Blätter kann man essen. Dazu spült man sie nur kurz unter fließendem Wasser und gibt sie in frische Salate.

Von Serapta-Senf und Mizuna *sollte man immer nur wenige Blätter nehmen, diese aber umso häufiger ernten.*

Rucola

Pflanze
Rucola

Standort
Sonne bis Halbschatten

Härte
Frostempfindlich

Erntezeit
Spätes Frühjahr bis Herbst

Topfgröße
20 cm

Topfmaterial
Beliebig

Substrat
Universalerde

Rucola bringt mit seinem pfeffrigen Geschmack eine gewisse Schärfe in Salate. Mit Olivenöl gemischt ergibt er außerdem eine scharfe Pestosauce. Die Samen keimen bereitwillig vom zeitigen Frühjahr bis zum Spätsommer. Ein einziges Gefäß liefert wochenlang Blätter für die Küche, sofern man sie regelmäßig erntet und dadurch den Salat am Blühen und Ansetzen von Samen hindert. Ein großer Topf liefert büschelweise Rucola-Laub, doch eignet sich das Gemüse vor allem für kleine Gefäße wie Balkonkästen. Regelmäßiges Gießen verhindert ein Austrocknen des Substrats.

SCHUTZ VOR SCHÄDLINGEN

Decken Sie die Töpfe mit einem feinmaschigen Netz ab, damit der Kohlweißling seine Eier nicht an den Pflanzen ablegen kann, denn die ausschlüpfenden Raupen fressen die Blätter gnadenlos weg.

Scharfe, pfefferige Rucola-Blätter

Minisalate

Pflanzen
Minisalate

Standort
Volle Sonne

Härte
Unter Schutz ziehen

Erntezeit
Frühjahr bis Spätherbst

Topfgröße
Aussaatschale oder ein anderes flaches Gefäß

Topfmaterial
Kunststoff

Substrat
Vermiculit

Minisalate sind binnen weniger Tage erntereif.

Spitzenköche preisen sie als Delikatesse: Minisalate sind Gemüsesämlinge, die bereits 6–21 Tage nach dem Keimen geerntet werden. So klein sie sind, so intensiv ist ihr Geschmack. Man kann sie in Aussaatschalen, Kunststoffkörbchen oder flachen Gefäßen mit gutem Wasserabzug kultivieren. Dazu gibt man eine 2 cm dicke Schicht Vermiculit in das Behältnis und streut darauf die Samen, ohne sie abzudecken. Nun stellt man das Gefäß in Wasser, bis sich das Substrat vollgesogen hat, lässt es anschließend eine Weile abtropfen und bringt es an eine sonnige Fensterbank in einem warmen Zimmer. Das Vermiculit-Substrat darf nicht austrocknen. Ernten Sie die Pflänzchen mit der Schere, sobald sich die ersten Blätter zeigen.

AUSWAHL

Für die Kultur von Minisalat eignen sich Zuckererbsen, Sonnenblumen, Brokkoli, Rucola, Rettich, Rote Bete, Sellerie, Stielmangold und Serapta-Senf, aber auch Kräuter wie Basilikum, Gewürzfenchel, Koriander und Kerbel.

Würziger Salatmix

Sie haben genug von den immer gleichen grünen Salaten? Diese drei Blattlieferanten bringen mit ihrem unverkennbaren Geschmack und den farbenfrohen Blättern Abwechslung auf den Teller. Chicorée ist für seine Bitterkeit berühmt, die Gartenmelde ähnelt salzigem Spinat und Sauerampfer verwöhnt den Gaumen mit mildem Zitrusgeschmack. Die beiden Letzten werden sie kaum in Supermärkten finden, zum Glück aber sind sie einfach zu ziehen.

Zuckerhut, Radicchio, Chicorée

Pflanze
Radicchio 'Treviso Precoce Mesola'

Standort
Volle Sonne

Härte
Winterhart

Erntezeit
Sommer bis Winter

Topfgröße
45 cm

Topfmaterial
Ton, Kunststoff, glasierte Keramik

Substrat
Universalerde

Drei Abkömmlinge der Wegwarte werden als Salat genutzt: Zuckerhut und Radicchio zieht man als grün- oder rotlaubigen Blattsalat, während Chicorée-Wurzeln im Dunkeln zum Austrieb angeregt werden, damit sie zarte weiße Herzen bilden. Sie alle werden gleich kultiviert. Man sät sie dünn in einen mit Anzuchterde gefüllten Topf, deckt sie 5 mm hoch mit gesiebtem Substrat ab, wässert das Ganze und stellt das Gefäß an einen sonnigen Platz. Sobald die Sämlinge einige Blätter haben, pflanzt man sie zu dritt in einen 45 cm großen Topf. Frühjahrsaussaaten liefern im Sommer Blätter, während im Sommer ausgesäte Sätze im Herbst und Winter genussreif sind.

TIPP: CHICOREE BLEICHEN

Sobald Chicorée im Spätherbst einen Kopf entwickelt hat, schneidet man ihn ab, sodass nur ein 5 cm langer Stumpf bleibt. Man wässert ihn gut, deckt ihn mit einem umgedrehten Eimer ab, damit er kein Licht mehr bekommt, und stellt ihn an einen frostfreien Ort. Nach einem Monat sind die Pfeifen erntereif.

'Treviso Precoce Mesola' *ist ein farbenfroher Radicchio mit rot überlaufenen, weiß gerippten Blättern.*

Ampfer

Pflanze
Blut-Ampfer

Standort
Sonne oder Halbschatten

Härte
Winterhart

Erntezeit
Frühjahr bis Herbst

Topfgröße
30 cm

Topfmaterial
Kunststoff, Ton, glasierte Keramik

Substrat
Torfhaltige Blumenerde

Im Handel ist das mehrjährige Kraut kaum zu finden, doch Feinschmecker schätzen seinen scharfen, leicht zitrusartigen Geschmack, der grüne Salate und Suppen aufpeppt. Die meisten Ampfer-Arten sind nicht sonderlich schön anzusehen, doch der Blut-Ampfer (*Rumex sanguineus*) besitzt hellgrüne, rot geäderte Blätter. Einen Anbau lohnt auch der Schild-Ampfer (*Rumex scutatus*): Ihn zieren grüne, elliptische Blätter, die leicht nach grünem Apfel schmecken.

KULTUR

Ausgesät wird im Frühjahr 1 cm tief. Sämlinge dünnt man auf 30 cm Abstand aus. Man kann auch Jungpflanzen kaufen. Ampfer wird in ein mit Pflanzerde gefülltes Gefäß gesetzt und gut gewässert. Die Blätter zupft man je nach Bedarf einzeln ab, Blüten entfernt man, sobald sie sich zeigen, damit die Pflanze keinen Samen ansetzt.

Blut-Ampfer wird wegen seines Zitrusaromas geschätzt.

SALATE

Gartenmelde

Pflanze
Rote Melde

Höhe
H 1 m

Standort
Halbschatten

Härte
Winterhart

Erntezeit
Zeitiges Frühjahr bis Sommer

Topfgröße
30 cm

Topfmaterial
Kunststoff, Ton, glasierte Keramik

Substrat
Tonhaltige Blumenerde

Die rasch wachsende und bis zu 1 m hohe Gartenmelde ist ein sehr ansehnliches einjähriges Kraut, dessen spinatartige Blätter in der Küche zum Einsatz kommen.

Man sät sie im Spätwinter oder zeitigen Frühjahr in kleine Töpfe mit feuchtem Substrat aus, das mit einer Lage Vermiculit abgedeckt und weiter feucht gehalten wird. Stellen Sie die Gefäße zum Keimen auf eine warme Fensterbank, meiden Sie aber direkte Sonne. Wenn die Sämlinge groß genug sind, vereinzelt man sie. In der Frühjahrsmitte kommen sie in große Töpfe mit tonhaltiger Erde. Hier werden sie regelmäßig gegossen. Wachsen die Pflanzen zu hochbeinig, zwickt man die Triebspitzen ab. In voller Sonne können die Blätter verbrennen. Die Blätter werden einzeln geerntet, sobald sie groß genug sind.

Von der Gartenmelde kennt man unterschiedliche Auslesen, z.B. mit gelbem Laub. Die Varietät *Atriplex hortensis* var. *rubra* hat rotviolette, 'Scarlet Emperor' dagegen stumpf violette und rosa Blätter.

Die Rote Melde hat einen hohen Zierwert.

Pfiffige Salatturbos

Wenn Ihr Salat etwas fade schmeckt, peppen Sie ihn mit ein paar schnell wachsenden Zutaten auf. Rettiche, Radieschen, Schnittlauch und Frühlingszwiebeln sind unglaublich leicht zu ziehen und können solo in Töpfen stehen oder als Lückenfüller zwischen größeren Gewächsen eingesetzt werden. Sie wachsen im Nu aus Samen, die man am besten sukzessive vom Frühjahr bis zum Spätsommer sät.

Rettiche und Radieschen

Pflanze
Radieschen 'French Breakfast'

Standort
Sonne oder Halbschatten

Härte
Verträgt keine Temperaturen unter 0 °C

Erntezeit
Frühjahr bis Herbst

Topfgröße
20 cm

Topfmaterial
Ton, Metall, Kunststoff, Flechtkörbe

Substrat
Universalerde

Wenn Salate Biss brauchen, dann kommen Rettiche und Radieschen wie gerufen. Sie lassen sich problemlos heranziehen und liefern oft schon vier Wochen nach der Aussaat die ersten Früchte. Es gibt sie in vielen Farben, Formen und Größen. Die meisten Radieschen wachsen frohgemut in flachen Gefäßen wie Balkonkästen, während man für Rettiche tiefe Töpfe braucht.

AUSSAAT

Gesät werden kann vom Spätwinter bis zum Frühherbst, doch müssen frühe und späte Aussaaten vor Frost und starkem Regen geschützt werden. Man stellt die Töpfe entweder in ein Gewächshaus bzw. einen kühlen, hellen Raum oder schützt sie mit einer Abdeckung. Streuen Sie die Samen dünn auf die Oberfläche des Substrats und decken Sie sie mit einer 1,5 cm dicken Erdschicht ab. Bei Bedarf wird ausgedünnt. Gut wässern.

***Für Kinder** sind Radieschen die idealen Einsteigerpflanzen, da man sie schon nach wenigen Wochen ernten kann.*

EINE SORTENAUSWAHL

***'Scarlet Globe'** ist eine rasch wachsende Sorte mit runden roten Knollen und knackigem weißem Fleisch. Ideal für Balkonkästen oder Schalen und als Lückenfüller.*

***'French Breakfast'** heißt diese Radieschensorte mit schlanken, langen rosaroten Wurzeln, die einen süßen, milden Geschmack haben. Sie braucht recht tiefe Gefäße.*

***'China Rose'** entwickelt lange, pfeffrig schmeckende Knollen, die einen sehr tiefen Topf benötigen. Beliebt ist die Sorte, weil sie sich gut für den Winter lagern lässt.*

***'Cherry-Belle'-Radieschen** haben eine leuchtend rote Schale und weißes Fleisch mit süßem, mildem Geschmack. Die Sorte reift sehr schnell und ist ideal für kleine Töpfe.*

Schnittlauch

Pflanze
Schnittlauch

Höhe und Breite
H 30 cm, B unterschiedlich

Standort
Sonne oder Halbschatten

Härte
Winterhart

Erntezeit
Frühjahr bis Herbst

Topfgröße
20 cm

Topfmaterial
Ton, Metall, Kunststoff

Substrat
Tonhaltige, nährstoffreiche Blumenerde

Der leicht beißende Zwiebelgeschmack von Schnittlauch wertet Salate und andere Gerichte auf. Man kauft das Küchenkraut entweder als junges Pflänzchen oder zieht Pflanzen im Frühjahr aus Samen, die rund 5 mm tief in Vermehrungserde gesät und zum Keimen in einen beheizten Anzuchtkasten gestellt werden. Wenn es im späten Frühjahr warm genug ist, kann man die Sämlinge in großen Gefäßen mit Topferde nach draußen bringen. Geerntet wird Schnittlauch durch Abschneiden der Blätter direkt über dem Ansatz.

HORSTE VERJÜNGEN

Schnittlauch breitet sich rasch aus und füllt das Gefäß irgendwann einmal aus. Dann pflanzt man ihn entweder in einen größeren Topf oder teilt ihn mit einem scharfen Messer. Die beiden Teile können in frische Erde gesetzt werden.

Schnittlauch entwickelt sich gut in kleinen Töpfen.

Frühlingszwiebeln

Pflanze
Rote Frühlingszwiebeln

Standort
Sonne oder Halbschatten

Härte
Winterhart

Erntezeit
Sommer bis Herbstmitte

Topfgröße
45 cm

Topfmaterial
Ton, Metall, Kunststoff, tiefe Flechtkörbe

Substrat
Universalerde

Rote Frühlingszwiebeln bringen Farbe in Salate.

Frühlingszwiebeln werden wegen ihrer scharfen Zwiebeln und Triebe geschätzt. Sie können ganz leicht aus Samen herangezogen werden und sind binnen zwölf Wochen erntereif. Ausgesät wird im Frühjahr und Sommer in Töpfe mit Universalerde. Dazu zieht man Rillen in die Oberfläche und streut die Körnchen hinein oder verteilt sie dünn auf dem Substrat und bedeckt sie mit einer 1 cm dicken Schicht Erde. Gegebenenfalls wird ausgedünnt. Die Pflanzen sind anfällig für den Falschen Mehltau: Sobald weißer Pilzbelag erscheint, entfernt man erkrankte Exemplare sofort.

SORTEN

Zur Auswahl steht eine Reihe von Sorten. ‘White Lisbon’ wird wegen der milden weißen Zwiebeln und nach oben zu grünen Triebe geschätzt, während ‘Vigour King’ einen schärferen Zwiebelgeschmack besitzt. ‘North Holland Blood Red’ mit dunkelroten Zwiebeln und niedrigen, grünen Trieben bringt Farbe und Geschmack in gemischte Salate und pfannengerührte Gerichte.

Süße Paradiesfrüchte

Selbst gezogene Tomaten schmecken um Längen besser als gekaufte. Ganz gleich, ob Sie Setzlinge kaufen oder das Gemüse aus Samen ziehen, Sie können vom Hochsommer bis zum Herbstbeginn frische Früchte ernten. Die meisten Tomaten brauchen große Töpfe oder tiefe Flechtkörbe, um zu gedeihen.

Pflanze
Tomate 'Tumbling Tom Red'

Standort
Volle Sonne

Härte
Verträgt keine Temperaturen unter 0 °C

Erntezeit
Sommer bis Frühherbst

Topfgröße
30 cm oder mehr

Topfmaterial
Ton, Flechtkorb, Kunststoff

Substrat
Universalerde

Der Geschmack einer Tomate, die in der Sonne langsam und auf natürliche Weise herangereift ist, lässt sich mit nichts vergleichen. Die selbst gezogenen Früchte schmecken so viel besser als gekaufte, dass sich der Eigenanbau lohnt. Hängende Sorten kommen in tiefen Hängekörben oder langen Kästen zum Einsatz, während Stabtomaten eher für große Gefäße und Erdsäcke geeignet sind (*siehe S. 88*).

In Gartencentern und im Versandhandel bekommt man eine gewisse Auswahl, wesentlich größer aber ist das Angebot, wenn man sich für die Aussaat im Haus entscheidet. Füllen Sie dazu im Spätwinter einen 8-cm-Topf mit Vermehrungserde, streuen Sie die Samen dünn auf die Oberfläche und decken Sie sie mit Vermiculit ab. Anschließend wässern Sie und stellen das Gefäß in einen beheizten Anzuchtkasten. Sobald die Sämlinge fast 3 cm hoch sind, nimmt man sie behutsam heraus, trennt die Wurzelballen und vereinzelt sie in einen 8-cm-Topf. Tomaten brauchen einen hellen Standort über 17 °C. Wenn im Abzugsloch Wurzeln zu sehen sind, siedelt man sie in 12-cm-Gefäße mit Universalerde um. Zum Frühjahrsende können die meisten Sorten nach draußen.

DÜNGEN

Tomaten sind nährstoffbedürftig und müssen ab der Blüte wöchentlich mit einem kalireichen Spezialdünger versorgt werden. Ab dem Fruchtansatz erhöht man auf zwei Gaben wöchentlich.

TIPP: WÄSSERN

Der Topfballen von Tomaten darf nie austrocknen, sonst war die ganze Arbeit umsonst. Werden sie nämlich unregelmäßig gewässert, platzen die Früchte oder bekommen am Grund schwarze Flecken. Diese Störung heißt Blütenendfäule und ist auf einen Mangel an Kalzium zurückzuführen, das im Wasser enthalten ist.

*Mitte: **'Tumbling Tom Red'** setzt in großen Hängekörben reichlich Früchte an. Die Sorte braucht viel Sonne, Wasser und Dünger.*

Empfehlenswerte Sorten

'Tumbling Tom Yellow' *gedeiht in großen Hängekörben, in die viel Erde und Wasser passt. Die aus dem Topf quellenden Rispen süßer, kirschgroßer Früchte sehen dekorativ aus. Man kann den ganzen Sommer über ernten.*

'Totem' *heißt eine kleine Sorte für große Hängekörbe und tiefe Balkonkästen. Die kräftigen Triebe tragen reichlich leuchtend rote Tomaten. Um einen guten Ertrag zu erzielen, muss man aber die Seitentriebe entfernen.*

'Sungold' *bringt Unmengen kleiner, süßer, saftiger, leuchtend orangegelber Früchte mit sehr dünner Schale. Man zieht die Sorte am besten in großen Töpfen oder Erdsäcken und stützt sie mit Stäben.*

'Moneymaker'*, eine seit Langem beliebte Form, ist besonders pflegeleicht und entwickelt zuverlässig mittelgroße rote Früchte in großen Bündeln. Man kultiviert sie in einem Erdsack oder voluminösen Topf an Stäben.*

'Sweet Olive' *trägt Bündel aus olivenförmigen Früchten, die von den Trieben hängen. Die Stabtomate ist pflegeleicht und liefert in einem Topf oder Erdsack hohe Erträge, selbst wenn man die Seitentriebe nicht entfernt.*

'Tigerella' *trägt dekorative orangefarbene Früchte, die grün gestreift sind und im Garten ebenso gut aussehen wie auf dem Teller. Die Stabtomate trägt reichlich, wenn sie in einem großen Topf im Gewächshaus steht.*

Tomaten in Erdsäcken ziehen

Substrat in Erdsäcken wird vom Hersteller speziell gemischt, um ein optimales Pflanzenwachstum zu gewährleisten und man kann direkt in den Säcken Pflanzen kultivieren. Leider trocknet die Erde darin aber auch sehr schnell aus. Daher erhöht man das Volumen der Säcke, indem man Töpfe ohne Boden in die Löcher steckt und mit Universalerde füllt.

1 Abzugslöcher in den Boden und drei große Kreise in die Oberseite des Beutels schneiden. Selbst gemachte oder gekaufte Kunststofftöpfe ohne Boden in die Löcher stecken und mit Erde füllen.

2 Tomatenpflanzen in die Töpfe setzen, sobald sich die ersten Blüten öffnen – eine Tomatenpflanze pro Topf genügt. Den Wurzelballen so in das Substrat setzen, dass er geringfügig versenkt steht. Gut angießen.

3 Stäbe als Stütze in die Erde stecken. Wüchsige Seitentriebe in den Blattachseln abzwicken, da sie zu viel Energie kosten, die für den Fruchtansatz gebraucht wird. Wöchentlich einen Tomatendünger geben.

4 Wachsende Triebe mit Bast oder einer weichen Schnur an die Stäbe binden. Die Spitze des Triebs 2–3 Blätter oberhalb des letzten Fruchtbüschels kappen, sobald sich 4–6 Büschel gebildet haben.

5 Tomaten die ganze Wachstumszeit hindurch gut gießen, denn wenn sie nicht ausreichend Feuchtigkeit bekommen, platzen sie auf oder werden von Krankheiten befallen (*siehe S. 184*).

6 Im Spätsommer und Frühherbst werden die Früchte reif. Man erntet sie, indem man den Fruchtstiel am »Gelenk« fasst und nach oben biegt, bis er abbricht. Frucht gut waschen und so bald wie möglich essen.

Durch die große Menge *Substrat in Erdsäcken steht den Tomatenwurzeln mehr Platz und ein größeres Wasservolumen zur Verfügung. Das begünstigt die Entwicklung besonders schmackhafter Früchte.*

Mittelmeergemüse

Mit ihren dicken, saftigen Köstlichkeiten und prachtvollen Blüten sind Auberginen und Zucchini bestens für Zierpflanzungen auf Terrassen geeignet – zwischen Töpfen mit Sommerblumen und anderen fruchttragenden Nutzpflanzen behaupten sie sich problemlos. Man pflanzt die mediterranen Genüsse in große Kübel und stellt sie an einen warmen, geschützten Platz, gießt sie gut und wartet darauf, dass sie in der Sommerhitze groß und schmackhaft werden.

Auberginen

Pflanze
Aubergine 'Pinstripe'

Höhe und Breite
H 60 cm, B 30 cm

Standort
Volle Sonne

Härte
Verträgt keine Temperaturen unter 0 °C

Erntezeit
Sommer bis Frühherbst

Topfgröße
20 cm

Topfmaterial
Kunststoff, Ton

Substrat
Universalerde

Schon bevor die bauchigen Früchte erscheinen, verdienen sich Auberginen mit ihren hübschen rosa Blüten und dem gewelltrandigen Laub einen Platz auf Terrassen und Höfen. Man kann sie zwar als Jungpflanzen kaufen, doch ist die Auswahl an Sorten – auch seltenen – viel größer, wenn man sich für die eigene Aussaat entscheidet. Ausgesät wird, indem man einen kleinen Topf mit Vermehrungserde füllt und ein paar Körnchen auf der Oberfläche verteilt. Dann deckt man sie mit einer Lage Vermiculit ab und stellt das Gefäß in einen beheizten Anzuchtkasten. Sobald die Sämlinge austreiben, platziert man sie in ein helles Fenster. Sind sie 5 cm hoch, werden sie vereinzelt.

WÄRMEBEDARF

Auberginen fruchten in nassen Sommern nicht gut, denn sie brauchen eine lange Wachstumszeit und viel Wärme. Helfen Sie nach, indem Sie Auberginen schon im Spätwinter aussäen, damit sie Zeit zum Wachsen haben. Noch mehr verlängern kann man ihre Reifezeit, indem man sie im Warmhaus oder Wintergarten heranzieht.

TIPP: SO ERHÖHEN SIE DEN ERTRAG

Im Freiland kultivierte Exemplare setzen etwa fünf Früchte an. Um einen guten Ertrag zu bekommen, düngt man Auberginen alle paar Wochen mit einem Tomatendünger, sobald die Früchte schwellen. Nachdem sich fünf gebildet haben, kappt man die Seitentriebe und entfernt alle Blüten. Reif sind die Früchte, wenn sie glänzen.

'Pinstripe' ist eine hübsche Sorte *mit weiß gestreiften, rosalila Früchten und kleinem, topfgerechtem Wuchs.*

Zucchini

Pflanze
Zucchini 'Golden Delight'

Höhe und Breite
H und B 60 cm

Standort
Volle Sonne

Härte
Verträgt keine Temperaturen unter 0 °C

Erntezeit
Sommer bis Frühherbst

Topfgröße
30–45 cm

Topfmaterial
Kunststoff, Erdsack, Gemüsetaschen

Substrat
Universalerde

Zucchini sind leicht aus Samen zu ziehen und gehören zu den ertragreichsten Gemüsesorten für die Kultur auf der Terrasse: Ein einziges Exemplar versorgt Sie den ganzen Sommer. Topfen Sie aber keinesfalls zu viele Pflanzen ein, sonst haben Sie die vielen Früchte bald satt.

Man sät schon im zeitigen Frühjahr. Füllen Sie einen 8-cm-Topf mit Vermehrungserde, stecken Sie zwei Samen 2–3 cm tief hinein und geben Sie eine weitere Schicht Substrat darüber. Nach dem Angießen kommt der Topf in einen Anzuchtkasten auf eine sonnige Fensterbank. Man hält die Erde feucht und vereinzelt die Pflänzchen in 12-cm-Töpfe, sobald sich ihre Wurzeln in den Abzugslöchern zeigen. Ab Mitte Mai setzt man ein Exemplar in ein großes Gefäß oder einen Erdsack. Sobald die Früchte 10 cm lang sind, schneidet man sie ab.

'Golden Delight' *macht sich, in eine Gemüsetasche gepflanzt, auf einer befestigten Fläche ausgezeichnet. Ernten Sie drei Früchte in der Woche.*

MEDITERRANE AROMEN

ZUCCHINI: SORTEN

'Parador' *bringt große Bündel auffälliger goldgelber Früchte, die jeden Garten und jede Terrasse zieren. Sie schmecken vorzüglich und reifen früh.*

'De Nice A Fruit Rond' *ist die ideale Wahl, wenn man die etwas andere Zucchini sucht. Die runden grünen Früchte werden am besten geerntet, sobald sie golfballgroß sind.*

'Defender' *ist resistent gegen das Gurkenmosaikvirus und wird daher gern kultiviert. Die bewährte Sorte liefert viele große, schmackhafte Früchte über einen langen Zeitraum.*

'Venus'*, eine kompakte Form, bietet sich für die Topfkultur an. Ihre einheitlichen, dunkelgrünen zylindrischen Früchte reifen vom Hochsommer bis zum Frühherbst.*

Feurige Paprika

Wer scharfe Speisen mag, bringt mit Chilis Feuer in seinen Garten. Sie sind eine unverzichtbare Zutat vieler scharfer Gerichte und in allerlei Formen, Farben und Größen erhältlich. Nicht alle Angehörigen der Gattung Paprika allerdings bringen die Geschmacksknospen zum Brennen: Gemüsepaprika schmecken süß und mild.

Pflanzen
Chili 'Cheyenne', *Petunia* Million Bells, Hornveilchen, *Lotus berthelotii*, Griechisches Basilikum

Höhe und Breite
Paprika:
H 45 cm, B 30 cm;
Petunia:
H und B 30 cm;
Hornveilchen:
H und B 20 cm;
Lotus:
H 50 cm, B 1 m;
Basilikum:
H und B 15 cm

Standort
Volle Sonne

Härte
Verträgt keinen Frost

Erntezeit
Spätsommer bis Frühherbst

Topfgröße
30 cm

Topfmaterial
Ton, Metall, Flechtkörbe

Substrat
Universalerde

Sie sind die kostbare Zierde des Gartens: Paprika machen mit glänzenden Früchten auf sich aufmerksam, die in Rot, Grün, Gelb, Orange, Braun und Violett strahlen. Man kann sie zwar in einem Topf als Solisten ziehen, doch vor dem Reifen der Schoten sind sie ziemlich unscheinbar, weshalb sie in einem Flechtkorb oder Gefäß zusammen mit Blumen und Kräutern interessanter aussehen. Als Begleiter empfehlen sich hängende violette Petunien, Hornveilchen, *Lotus berthelotii* mit graugrünem Laub und Basilikum.

Man kauft junge Paprikapflanzen im Frühling oder sät sie im Spätwinter drinnen aus. Sie keimen ohne Probleme und müssen mehrmals in größere Töpfe umgesiedelt werden, bis sie zum Frühjahrsende nach draußen dürfen. Mit rund 20 cm Höhe beginnen die Gewächse umzufallen und müssen gestützt werden. Sobald die Triebe rund 30 cm lang sind, zwickt man ihre Spitze ab, damit sich viele weitere Fruchttriebe bilden. Geerntet werden kann ab dem Hochsommer. Das regelmäßige Abschneiden der Früchte mit einem scharfen Messer oder einer Gartenschere erhöht den Ertrag.

WÄSSERN UND DÜNGEN

Wer reichlich ernten will, muss die Pflanzen regelmäßig gießen, besonders bei großer Hitze. Zudem verabreicht man ihnen ab dem Blütenansatz alle 14 Tage einen Tomatendünger – das kann zum Teil noch unter Glas sein, wenn immer noch mit Nachtfrösten zu rechnen ist. Paprika brauchen kontinuierlich Nährstoffe, bis alle Früchte geerntet sind.

TIPP: AUSSAAT

8-cm-Topf mit Anzuchterde füllen und einige Samenkörnchen daraufstreuen. Mit etwas Vermiculit abdecken und den Topf in einen beheizten Anzuchtkasten stellen. Nach dem Keimen auf einer Fensterbank platzieren. Sobald die Pflänzchen 2–3 cm hoch sind, setzt man sie in einen 10-cm-Topf.

Mitte: ***Kombinieren Sie orangefarbene Chilis*** *mit Hornveilchen und violetten Petunien. Ein hängender* Lotus berthelotii *und würziges Griechisches Basilikum vervollständigen den Reigen.*

Gewürz- und Gemüsepaprika

***'California Wonder'** ist eine sehr süße, milde Paprikasorte mit ziegelroten Früchten an kompakten Pflanzen.*

***'Gourmet'** trägt auffallende orangefarbene Früchte an kleinen Pflanzen, die ideal für kleine Töpfe sind.*

***'Pepper Gypsy'** entwickelt schmackhafte, spitz zulaufende, anfangs grüne, später orangefarbene und rote Früchte.*

***'Alma Paprika'** heißt eine Chilisorte mit Schoten, die erst gelb und dann rot sind. Süßer, mild scharfer Geschmack.*

***'Cherry Bomb'** bildet runde rote, ziemlich scharfe Chilischoten. Die Sorte sieht hübsch auf der Terrasse aus.*

***'Prairie Fire'** bildet Hunderte winziger Früchte, die ihre geringe Größe mit beißender Schärfe wettmachen.*

***'Numex Twilight'**, eine kompakte Chilisorte, bringt in Mengen kleine violette, gelbe, orangefarbene und rote Schoten.*

***'Aji Amarillo'** wächst kompakt und trägt lange scharfe, anfangs grüne, später gelbe und orangefarbene Chilischoten.*

Zwiebeln und Knoblauch

Zwiebeln, Schalotten und Knoblauch sind in der Küche unverzichtbar. Wer sie selbst in Gefäßen heranzieht, erweitert nicht nur sein Spektrum an Formen, Größen und Farben, er kann außerdem den denkbar frischesten Geschmack genießen. Alle Mitglieder der Zwiebelfamilie brauchen wenig Platz und kommen mit einem Minimum an Pflege aus.

Pflanzen
Knoblauch, Zwiebeln, Schalotten

Standort
Volle Sonne

Härte
Verträgt Frost bis -10 °C

Erntezeit
Sommer

Topfgröße
Schalotten und Zwiebeln: 60 cm; Knoblauch: mindestens 30 cm

Topfmaterial
Beliebig

Substrat
Tonhaltige, nährstoffreiche Blumenerde mit etwas feinem Kies

ZWIEBELN UND SCHALOTTEN ZIEHEN

Zwiebeln und Schalotten werden am besten aus Steckzwiebeln gezogen. Man besorgt für sie ein großes Gefäß (z.B. eine hölzerne Schublade), das mindestens 25 cm tief und 60 cm breit ist. Es wird mit tonhaltigem Substrat gefüllt. Stecken Sie die Zwiebeln mit 10 cm und Schalotten mit 15 cm Abstand mit dem spitzen Ende nach oben in das Substrat. Dann wird mit Erde aufgefüllt, festgedrückt und angegossen. Die Zwiebelspitze sollte gerade noch zu sehen sein. Streuen Sie eine Handvoll Hornmehl auf die Erde und gießen Sie weiter regelmäßig. Wenn im Sommer die Blätter braun werden, kann man ernten. Trocknen Sie die Zwiebeln vor dem Einlagern drei Wochen lang auf einem Gestell.

KNOBLAUCH ZIEHEN

Knoblauch wird am besten im Herbst oder Frühwinter gepflanzt. Man unterscheidet zwei Gruppen: Der Schlangenknoblauch, auch Rocambole genannt, bildet zahlreiche flache Blätter und lässt sich gut lagern. Im Gegensatz dazu wird der Echte Knoblauch am besten frisch genossen. Brechen Sie einzelne Zehen aus einer Knolle und wählen Sie daraus die größten und gesündesten. Füllen Sie einen 30-cm-Topf mit Einheitserde und stecken Sie die Zehen in 10 cm Abstand entlang des Rands so in das Substrat, dass das stumpfe Ende nach unten zeigt. Man bedeckt die Zehen mit Erde und düngt mit Hornmehl, gießt und stellt das Gefäß in die Sonne. Erntezeit ist, wenn im Sommer die Blätter gelb werden!

Flechten Sie Knoblauch *an den Blättern zusammen und hängen Sie den Zopf an einen kühlen, dunklen Platz.*

TIPP: KNOBLAUCH TROCKNEN UND ZUM ZOPF FLECHTEN

Getrockneter Knoblauch hält sich bei guter Lagerung sehr lange. Man breitet ihn auf einer hölzernen Steige aus, die man an einen kühlen, trockenen, dunklen Platz stellt, etwa in einen Schuppen. Wer etwas Geduld mitbringt, kann das Laub zu dekorativen Zöpfen zusammenflechten, wie man es manchmal bei traditionellen französischen oder fränkischen Knoblauchhändlern sieht. Bei Bedarf dreht man einfach eine Knolle heraus.

Empfehlenswerte Sorten

Der milde Elefantenknoblauch *bildet bis zu 10 cm große Knollen. Man genießt ihn am besten als Ganzes geröstet.*

Die Schalotte 'Mikor' *eignet sich vorzüglich zum Lagern. Sie hat eine rötliche Schale und weißes Fleisch mit rosa Ton.*

Die Schalotte 'Red Sun' *ist eine glatte, rundliche Zwiebel mit roter Schale und weißem Fleisch. Ideal für Salate.*

Onion 'Red Baron' *heißt eine rote Sorte, die sich lange lagern lässt und einen kräftigen Geschmack hat.*

Zwiebeln in einer Holzkiste *bereichern Terrassen und Balkone um eine rustikale Note. Werden sie gut gegossen, liefern sie den ganzen Sommer über frische Köstlichkeiten.*

Schmackhaft und dekorativ

Stielmangold, Pak Choi und Kohlrabi bilden verdickte Stiele oder dekorative Knollen. Sie lassen sich ohne Probleme im Topf ziehen und können schon wenige Wochen nach der Aussaat geerntet werden. Die ausgesprochen nahrhaften Genüsse beweisen nicht nur in der Küche ihren Nutzen, sie verschönern mit ihrem farbenfrohen, guten Aussehen auch öde Pflasterflächen und Balkone aufs Angenehmste.

Stielmangold

Pflanze
Mangold

Standort
Sonne oder Halbschatten

Härte
Braucht im Winter Schutz

Erntezeit
Frühjahr bis Herbst

Topfgröße
Mindestens 30 cm

Topfmaterial
Beliebig

Substrat
Universalerde

Gemüse macht in Töpfen oft wenig her, Stielmangold aber hält mit Zierpflanzen locker mit. Rotstielige Sorten sind mit ihren auffälligen Stielen und Adern an grünen Blättern echte Schönlinge unter den Nutzpflanzen, während 'Lucullus' grüne Blätter mit weißen Stielen besitzt. Unübertroffen aber ist die Sorte 'Bright Lights' mit roten, weißen, orangefarbenen, gelben, rosa und violetten Stielen.

Im Frühjahr kann man Jungpflanzen kaufen, doch lässt sich Mangold auch aus Samen ziehen. Er wird im Frühjahr 2 cm tief in kleine Gefäße gesät. Sobald die Sämlinge einige Blätter tragen, gesteht man ihnen einen eigenen Topf zu – und einen weiteren, etwas größeren, sobald die Wurzeln aus dem Abzugsloch wachsen. Gießen Sie regelmäßig und schützen Sie die Pflanzen im Winter mit einer Abdeckung.

STIELE UND BLÄTTER ERNTEN

Frühjahrsaussaaten sind nach zwölf Wochen erntereif. Man entfernt die Blätter von außen nach innen. Häufiges Abschneiden regt Mangold zu neuem Austrieb an und verlängert die Erntezeit.

TIPP: FARBKOMBINATIONEN

Statt eine einsame Pflanze in einen kleinen Topf zu setzen, kann man in großen Gefäßen durch Kombination verschiedenfarbiger Mangoldsorten wesentlich mehr Wirkung erzielen. Allerdings muss ein ausreichender Wasserabzug gewährleistet sein. Zwischen den einzelnen Exemplaren lässt man 10 cm Abstand.

***Versorgen Sie Mangold** in Gefäßen monatlich mit stickstoffreichem Dünger. So bleiben Blätter und Triebe gesund.*

Kohlrabi

Pflanze
Kohlrabi

Standort
Volle Sonne

Härte
Winterhart

Erntezeit
Je nach Aussaat Sommer bis Spätherbst

Topfgröße
20 cm

Topfmaterial
Ton oder Kunststoff im dekorativen Übertopf

Substrat
Universalerde

Über seinen milden Rübengeschmack kann man geteilter Meinung sein – aber eine faszinierende Topfpflanze ist der Kohlrabi ohne jeden Zweifel. Die jungen Blätter kommen in Salaten zum Einsatz oder werden wie Spinat gedämpft, die knackige Knolle raspelt man wie Sellerie in Salate oder man dämpft bzw. kocht sie. 'Olivia' heißt eine hübsche Sorte mit hellgrüner Schale, 'Violetta' hat dagegen ein blauviolettes Äußeres und weißes Fleisch.

AUSSAAT

Säen Sie im Frühjahr drinnen drei Samen 1,5 cm tief in je einen kleinen Topf. Nach dem Keimen entfernt man die beiden schwächsten Sämlinge. Sobald die Pflänzchen Blätter haben, kommen sie in einen größeren Topf. Im Sommer verfrachtet man sie nach draußen. Nach sechs Wochen kann, sofern man gut gegossen hat, geerntet werden. Lassen Sie die Knollen nur tennisballgroß werden.

'Purple Vienna' sieht in Gefäßen gut aus.

Pak Choi

Pflanze
Pak Choi

Standort
Volle Sonne

Härte
Winterhart

Erntezeit
Sommer bis Herbst

Topfgröße
20 cm

Topfmaterial
Kunststoff

Substrat
Universalerde

Das fernöstliche Kohlgewächs wird in Europa als Gemüse immer beliebter. Die Blätter kann man für Salate verwenden, doch eignen sich sowohl Laub als auch Stiele für pfannengerührte Gerichte oder man dünstet sie leicht. Aussaat ist möglich, allerdings besteht dann die Gefahr, dass Pak Choi schosst, weshalb man besser Pflänzchen kauft. Nach rund einem Monat erntet man die jungen Blätter nach und nach von außen nach innen oder lässt das Gewächs als Ganzes ausreifen und schneidet es auf einmal am Ansatz ab.

WASSERGABEN

Pak Choi hat kurze, oberflächennahe Wurzeln. Lässt man die Erde austrocknen, entstehen Schosser. Streuen Sie Rindenmulch, Schotter oder Kies auf die Oberfläche, damit Feuchtigkeit im Boden bleibt, und gießen Sie bei Hitze täglich.

Pak Choi braucht viel Wasser.

Grünes Powergemüse

Wer nahrhaftes Gemüse sucht, das hart im Nehmen ist, gut aussieht und auch im Winter geerntet werden kann, ist mit Grünkohl bestens bedient. Dieses Gemüse verträgt nicht nur strengen Frost, es schmeckt danach sogar süßer. Auch Spinat kann gezogen werden, wenn es sonst wenig zu ernten gibt, was den Speiseplan bereichert. Wenn es aber um gutes Aussehen geht, kann die Wahl nur auf den Baumspinat fallen.

Grünkohl

Pflanzen
Grünkohl 'Black Tuscany' und 'Dwarf Green Curled'

Standort
Sonne oder Halbschatten

Härte
Winterhart

Erntezeit
Winter

Topfgröße
45 cm

Topfmaterial
Kunststoff

Substrat
Universalerde

Einige Mitglieder der Gattung *Brassica* machen optisch wenig her, der Grünkohl aber ist der Beau unter den Kohlgewächsen. Viele seiner Sorten bringen nicht nur Farbe und Abwechslung in den winterlichen Garten, sondern auch Schmackhaftes auf den Tisch. Die Sorte 'Black Tuscany', auch Schwarzkohl oder Cavalo nero genannt, gehört mit ihren dunklen, stark gerunzelten »Wedeln« zu den attraktivsten Vertretern.

Man sät im Frühjahr unter Glas in Töpfe. Die Samen werden 2 cm hoch mit Erde bedeckt und gegossen. Heranwachsende Sämlinge werden später vereinzelt. Im späten Frühjahr kommen sie in größeren Töpfen ins Freie. Wird das Laub gelb oder wächst langsam, muss man düngen.

PFLEGE

Gießen Sie gut und schützen Sie Ihre Pflanzen mit Netzen vor Tauben und dem Kohlweißling. Geerntet wird nach Bedarf von außen nach innen, doch kann man auch ganze Köpfe abschneiden. Im Winter prüft man öfter, ob der Wind die Pflanzen aus der Erde gezerrt hat.

TIPP: SORTENWAHL

'Black Tuscany' trägt runzelige, fast schwarze Blätter mit pfeffrigem Geschmack. Das grüne Laub von 'Redbor' wird mit der Zeit tiefrot, während 'Red Curled' dichte krause Blätter trägt. 'Red Russian' hat gekräuselte rote und grüne Blätter (links). Die kleine Sorte 'Dwarf Green Curled' verträgt exponierte Standorte.

'Black Tuscany' und 'Dwarf Green Curled' *bereichern den Garten im Winter mit kräftigen Farben und schmecken gut.*

Spinat

Pflanze
Baumspinat (*Chenopodium giganteum*)

Standort
Volle Sonne

Härte
Winterhart

Erntezeit
Sommer, Herbst und Winter

Topfgröße
30 cm

Topfmaterial
Kunststoff

Substrat
Universalerde

In diesem Punkt besteht kein Zweifel: Unser Gemüsespinat, so gesund und grün er auch sein mag, sieht nicht sonderlich gut aus. Ganz anders der Baumspinat, der mit ihm nicht näher verwandt ist: Mit seinen dreieckigen Blättern und magentaroten Trieben macht er viel her – und bereichert Topfgruppen obendrein um ein vertikales, hohes Element. Jung schmecken die Blätter als Salat köstlich, während man reiferes Laub genau wie Gemüsespinat zubereitet. Je mehr Blätter man abzupft, desto länger kann man ernten.

KULTUR

Herkömmlichen Gemüsespinat sät man 2 cm tief in Töpfe mit Universalerde, Baumspinat dagegen auf die Oberfläche. Sobald die Sämlinge groß genug sind, dünnt man sie aus, sodass rund 7 cm Abstand zwischen ihnen bleiben. Die Gefäße werden besonders bei Trockenheit gut gegossen, denn gestresste Pflanzen schossen. Verlangsamt sich das Wachstum, gibt man ihnen einen stickstoffreichen Dünger.

Spinat kann ganzjährig satzweise gesät werden. Wer im Sommer ernten will, sät vom zeitigen Frühjahr bis zum Frühsommer, wer Spinat im Winter genießen möchte, sät von Spätsommer bis Frühherbst. Im Winter schützt man ihn mit festen Abdeckungen oder Vlies vor der schlimmsten Witterung. Ernten Sie die äußeren Blätter zuerst.

Baumspinat muss manchmal gestützt werden.

SPINAT UND ANDERES PFLÜCKGEMÜSE

***Blatt- oder Schnittspinat** ergibt mit seinen zarten Blättern ein gutes Herbst- und Wintergemüse. Erntet man die Pflanzen regelmäßig ab, halten sie zwei Jahre aus.*

***Neuseelandspinat** ist mit unserem Gemüsespinat nicht näher verwandt, wird aber genauso geerntet und verarbeitet. Er wächst buschig und liefert bis zum ersten Frost Blätter.*

***'Galaxy'** treibt dunkelgrüne Blätter, die besser schmecken als Spinat aus dem Supermarkt. Dünnt man die Sämlinge nicht aus, kann man das Laub als Babysalat ernten.*

***'Medania'** hat einen milden, süßen Geschmack. Er liefert fleischige Blätter, solange man ihn immer gut gießt. Zudem ist er widerstandsfähig gegen Mehltau.*

Buschbohnen

Sie haben die Wahl zwischen traditionellen Buschbohnensorten mit viel Geschmack oder modernen Hybriden, die fleischige, fadenlose Hülsen verheißen. Wofür Sie sich auch entscheiden, Sie werden nie wieder Supermarktware kaufen wollen. Bohnen aus dem eigenen Garten sind einfach frischer und besser.

Pflanzen
Buschbohnen, *Thunbergia alata*

Höhe und Breite
Buschbohne: H 1,5 m; *Thunbergia:* H 1,5 m

Standort
Volle Sonne

Härte
Verträgt keine Temperaturen unter 0 °C

Erntezeit
Spätes Frühjahr bis Frühherbst

Topfgröße
45 cm

Topfmaterial
Ton, Stein, Kunststoff

Substrat
Universalerde

Besitzer kleiner Gärten lassen meist die Hände von Bohnen, dabei eignen sich Buschbohnen bestens für winzige Anlagen, denn man kann sie in einem großen Topf an einem dekorativen Obelisken oder Stangenzelt hochklettern lassen. Einige Sorten sehen mit ihren auffallend gefärbten Hülsen richtig gut aus, während andere einen geringeren Zierwert haben und daher am besten mit blühenden Kletterpflanzen kombiniert werden. So kann man beispielsweise einer unscheinbaren Buschbohne eine gelbblütige Schwarzäugige Susanne (*Thunbergia elata*) oder eine Duftwicke (*Lathyrus odoratus*) als charmante Begleitung zur Seite stellen.

Bohnen werden im zeitigen Frühjahr drinnen gesät oder als Jungpflanzen gekauft und direkt draußen in einen Topf mit Universalerde gepflanzt, sobald die Frostgefahr vorüber ist. Die Rankpflanzen halten sich von selbst an ihrer Stütze fest, doch führt man sie anfangs auf den rechten Weg, indem man sie mit einer Schnur an ihre Stütze bindet. Zwergsorten brauchen keine Stütze.

PFLEGE

Gießen Sie die Pflanzen zurückhaltend, bis sie gut eingewachsen sind. Wenn die ersten Blüten erscheinen, gibt man ihnen mehr. Außerdem brauchen sie nach der Blütenbildung alle 14 Tage einen Tomatendünger. 8–12 Wochen nach der Aussaat kann man mit der Ernte beginnen. Zupfen Sie die Hülsen regelmäßig ab, solange sie klein und zart sind – das regt die Pflanze zu neuem Fruchtansatz an.

TIPP: AUSSAAT

Ein Samenkorn in einen mit Anzuchterde gefüllten Topf stecken. Das Gefäß an einen hellen, frostfreien Platz stellen, bis das Saatgut keimt. Im späten Frühjahr nach draußen umsiedeln. Eine weitere Möglichkeit ist, je zwei Samen 5 cm tief neben eine Stütze zu setzen und nach dem Keimen den schwächeren Sämling zu entfernen.

Mitte: ***Gemischtes Doppel:*** *Buschbohnen und die Schwarzäugige Susanne gemeinsam in einem großen Topf setzen Farbtupfer und liefern frisches Gemüse.*

Empfehlenswerte Sorten

'Blue Lake' *ist eine altbewährte Sorte mit relativ großen, zarten und fadenlosen Hülsen.*

'The Prince' *heißt eine Zwergsorte, die nicht gestützt werden muss. Sie liefert lange flache Hülsen in Mengen.*

'Delinel' *trägt wohlschmeckende, schmale, fadenlose, knackige Hülsen an niedrigen Pflanzen.*

'Purple Tepee' *bringt dekorative, schmackhafte Hülsen. Sie sind frisch tiefviolett und werden beim Kochen grün.*

'French Rocquencourt', *eine ausgesprochen ansehnliche Zwergsorte, zieht mit goldgelben Hülsen die Blicke auf sich.*

'Cobra' *braucht einen großen Topf, weil sie so stark wächst. Man schätzt sie wegen ihrer zahlreichen langen Hülsen.*

Feuerbohnen

Das Traditionsgemüse liefert nicht nur körbeweise Ertrag mit einem Minimum an Aufwand, sondern auch Blüten, die jeden Garten bereichern. Zur Auswahl stehen etliche schmackhafte Samensorten mit Hülsen in mehreren Größen und Geschmacksrichtungen. Feuerbohnen kommen durchaus mit einem großen Topf zurecht, wenn sie eine Stütze zum Hochklettern, etwa aus Stäben oder Zweigen, erhalten (*siehe S. 104–105*).

Pflanze
Feuerbohne 'Red Rum'

Standort
Volle Sonne

Härte
Verträgt keine Temperaturen unter 0 °C

Erntezeit
Sommer bis Herbst

Topfgröße
45 cm

Topfmaterial
Kunststoff, Stein, Ton

Substrat
Universalerde

Die Pflanzen sind ziemlich kopflastig, weshalb man einen schweren Topf braucht. Auch geht es nicht ohne eine tragfähige Stütze, denn je nach Sorte können Feuerbohnen mit ihren langen, windenden Trieben, den Unmengen Laub und vielen Hülsen bis zu 2 m hoch werden. Ein Zelt aus Bambus lässt sich ganz leicht aufstellen: Stecken Sie einfach 4–8 Stäbe in einem Kreis in das Substrat und binden Sie sie am oberen Ende zusammen. Zwergsorten, die kaum 60 cm hoch werden, kommen sogar mit einem tiefen Kasten mit ein paar Stöckchen in einem Kübel auf einer Pflasterfläche zurecht.

SÄEN, DÜNGEN, GIESSEN

Ausgesät wird in der Frühjahrsmitte in kleinen Töpfen, um sechs Wochen später nach dem letzten Frost ernten zu können. Eine weitere Möglichkeit besteht darin, im Juni oder Juli direkt in Töpfe im Freiland zu säen. Man setzt je zwei Samen 5 cm tief zu Füßen eines Stabs und gießt gut. Sobald Keimlinge erscheinen, zupft man den schwächeren der beiden aus und lässt den wüchsigeren an der Stütze hochranken. Feuerbohnen winden sich von allein.

Nach der ersten Blüte muss regelmäßig gegossen werden. Bei trockener Witterung benetzt man die Blätter gelegentlich mit einer Sprühflasche. Sobald die Triebe am oberen Ende ihrer Stütze ankommen, zwickt man die Spitze ab, um die Bildung weiterer Sprosse zu fördern. Feuerbohnen sind hungrig; düngen Sie anfangs mit einem Algenpräparat und ab der Blüte mit Kali.

TIPP: ERNTEN

Mit der Ernte kann man etwa drei Monate nach der Aussaat rechnen. Um eine konstante Versorgung mit Hülsen zu gewährleisten, erntet man die Früchte alle paar Tage in jungem, zartem Zustand. Wie lange man sie an der Pflanze lässt, hängt von der jeweiligen Sorte ab. Wartet man zu lange, werden die Hülsen zäh und fädig. Sobald man die Bohnen in den Hülsen spürt, sind sie schon zu alt und nicht mehr sonderlich schmackhaft.

Wenn man sie jung und zart erntet, *braucht man sie nur leicht dünsten und mit ein bisschen Butter servieren, um ein köstliches Gemüse zu bekommen.*

Empfehlenswerte Sorten

'White Lady' *trägt hübsche weiße Blüten und dicke, zarte Hülsen. Bienen lieben den Flor.*

'Painted Lady' *bietet so schöne rote und weiße Blüten, dass die schmackhaften Hülsen fast nur noch Dreingabe sind.*

'Polestar' *entwickelt massenweise zarte, fadenlose Hülsen und schmückt sich mit leuchtend hellroten Blüten.*

'Lady Di' *beeindruckt mit roten Blüten und einer reichlichen Ernte schlanker, schmackhafter, fadenloser Hülsen.*

Die Feuerbohne 'Red Rum' *braucht einen großen Topf und Bambusstäbe als Stützen für die kletternden Triebe. Die schönen roten Blüten sind selbst in einem Innenhof nicht fehl am Platz.*

Ein Stangenzelt für Feuerbohnen

Die meisten Feuerbohnen wachsen kletternd und brauchen nur wenig Platz, weshalb sie für Minigärten wie geschaffen sind. Man zieht sie am besten an einem spitz zulaufenden Gerüst aus zusammengebundenen Stangen in einem Topf, den man auch problemlos mitten in eine Blütenrabatte stellen kann. Besser lässt sich vertikaler Gartenraum nicht nutzen!

1 Einzelne Feuerbohnensamen in der zweiten Frühjahrshälfte etwa 5 cm tief in kleine Töpfe mit Universalerde aussäen. Gut wässern und zum Keimen nach drinnen oder in ein beheiztes Gewächshaus stellen.

2 Setzlinge abhärten (*siehe S. 48*) und erst nach draußen pflanzen, wenn keine Fröste mehr zu erwarten sind. Großen, tiefen Topf mit Substrat füllen, hohe Stäbe hineinstecken und mit einer Schnur zusammenbinden.

3 Bohnen gut wässern. Jede Pflanze mit einer Hand knapp über dem Ansatz festhalten und vorsichtig aus dem Topf ziehen. Mit einer Handschaufel neben jeden Stab ein Loch graben, in das der Ballen hineinpasst.

4 Wurzelballen der Feuerbohnen in die Löcher stellen und Lücken mit Universalerde auffüllen. Erde um die Wurzeln andrücken und gut wässern. Darauf achten, dass die Pflanzen vertikal stehen.

5 Mit Bast oder weicher Juteschnur jeden Trieb an den Stab binden, damit er daran hochranken kann. Spitze der Triebe abzwicken, sobald sie das obere Ende des Stabs erreichen, damit sich Seitentriebe bilden.

6 Feuerbohnen sind hungrig und durstig. Um Feuchtigkeit im Boden zu halten und die Pflanzen mit Nährstoffen zu versorgen, im Sommer mit organischer Substanz, wie reifer Komposterde, mulchen.

HÜLSENFRÜCHTE

Nach der Blüte müssen die Pflanzen gut gegossen werden, damit sich Hülsen bilden. Bekommen Feuerbohnen bei Trockenheit zu wenig Wasser, welken Blüten und Hülsen und fallen ab.

Erbsen

Man braucht nicht viel Platz, um Pal-, Mark- oder Zuckererbsen zu kultivieren. Die Pflanzen hangeln sich an Stützen in großen Kübeln hoch und passen daher in kleinste Innenhöfe und auf winzige Terrassen. Die zarten Hülsen kommen in einheimischen Traditionsgerichten ebenso zum Einsatz wie in exotischen fernöstlichen Speisen. Am besten schmecken die Früchte aber, wenn man sie frisch von der Pflanze nascht.

Mark- und Palerbsen

Pflanze
Erbse

Standort
Volle Sonne

Härte
Verträgt keine Temperaturen unter 0 °C

Erntezeit
Sommer

Topfgröße
30 cm und mehr

Topfmaterial
Kunststoff, Ton, Erdsäcke

Substrat
Universalerde

Eine wahre Geschmackssensation sind Erbsen, wenn man sie Sekunden nach dem Abzupfen schält und in den Mund steckt. Aber nicht nur am Gaumen machen sie viel Freude, sie sehen auch ausgesprochen dekorativ aus. 'Purple Podded' heißt eine bewährte Sorte mit violetten Hülsen. 'Blauwschokker' trägt rote und violette Blüten, aus denen sich violette Hülsen entwickeln.

AUSSAAT

Säen Sie Erbsen von Frühjahr bis Hochsommer 5 cm tief in große Töpfe mit Universalerde. Gutes Gießen ist wichtig. Wenn die Sämlinge erscheinen, geben Sie ihnen eine Stütze, an der sie sich hochziehen können. Will man früher ernten, treibt man ein paar Samen im zeitigen Frühjahr drinnen in kleinen Töpfen vor und siedelt sie ab Mitte Mai nach draußen um.

Die Erde darf nicht austrocknen, doch muss auch für guten Wasserabfluss gesorgt werden. Daher stellt man die Gefäße auf Füße oder Steine. Ab der Blüte gibt man Tomatendünger. Regelmäßiges Ernten fördert den Fruchtansatz.

TIPP: STÜTZEN

Wenn die Sämlinge etwa 5 cm hoch sind, drückt man Stützen in die Erde, damit die Triebe nicht umfallen. Das können rustikale Zelte aus Ruten, an der Spitze zusammengebundene Bambusstäbe oder, wenn es ganz dekorativ werden soll, ein gekaufter Dreifuß sein. Die Triebe klettern selbstständig mit ihren Ranken, doch müssen sie am Anfang noch mit einer Schnur an der Stütze festgebunden werden.

Weiße Blüten und reifende Hülsen *sehen in Pflanzsäcken gar nicht schlecht aus. Stellen Sie die Beutel auf Kiesel.*

Zuckererbsen

Pflanze
Gewöhnliche Zuckererbse (Zuckerschwerterbse)

Standort
Volle Sonne

Härte
Verträgt keine Temperaturen unter 0 °C

Erntezeit
Sommer

Topfgröße
30 cm oder mehr

Topfmaterial
Kunststoff, Ton, Erdsäcke

Substrat
Universalerde

Zuckererbsen reifen den ganzen Sommer hindurch.

Die flachen, zarten Hülsen der Zuckererbsen werden als Ganzes gegessen. Man kann sie dünsten, kochen oder pfannengerührten Gerichten hinzufügen. Es gibt viele schmackhafte Sorten: 'Carouby de Maussanne' etwa lässt ihren hübschen violetten Blüten lange, breite Hülsen folgen. 'Oregon Sugar Pod' trägt breite, intensiv süß schmeckende Früchte.

Säen Sie Zuckererbsen wie Mark- und Palerbsen aus (*siehe Seite gegenüber*) und geben Sie ihnen kräftige Stützen, sodass sie bis auf 1–1,5 m hochklettern können.

ERNTE

Gewöhnliche Zuckererbsen erntet und isst man am besten jung, denn später werden sie zäh und fädig. Lassen Sie sie nicht länger als 5 cm werden. Häufiges Ernten fördert den Ansatz von Hülsen über einen langen Zeitraum hinweg.

Zuckerbrecherbsen

Pflanze
Zuckerbrecherbse

Standort
Volle Sonne

Härte
Verträgt keine Temperaturen unter 0 °C

Erntezeit
Sommer

Topfgröße
30 cm oder länger

Topfmaterial
Kunststoff, Ton, Erdsäcke

Substrat
Universalerde

Zuckerbrecherbsen haben Hülsen, die als Ganzes verspeist werden – aber erst, wenn die Samen darin zu voller Größe herangereift sind. Die süßen, knackigen, schmackhaften Genüsse werden als Zutat zu pfannengerührten Gerichten verwendet oder ein paar Minuten lang gedünstet, sodass sie danach noch bissfest sind. Man sät sie ab dem späten Frühjahr bis zum Hochsommer direkt im Freien in große Töpfe mit Universalerde. Bevor sie umfallen, gibt man ihnen eine Stütze.

Zuckerbrecherbsen werden wie Mark- und Palerbsen (*siehe Seite gegenüber*) kultiviert. Man schützt sie vor Schnecken und Vögeln. Gegen Schnecken hilft Kupferband (*siehe S. 173*), gegen Vögel ein Netz.

SORTEN

Das Angebot an Sorten von Zuckerbrecherbsen ist überschaubar, dennoch lohnt sich eine Auswahl, da manche äußerst wüchsig sind und eine Höhe von 1,8 m erreichen können. Zu den besten Formen für große Gefäße gehören 'Sugar Ann' mit gemäßigter Wuchshöhe von 75 cm und die 90 cm hohe 'Cascadia'.

Zuckerbrecherbsen gedeihen gut.

Tolle Knolle

Ob geschnipselt, geröstet, zu Brei zerstampft, gekocht oder gebacken, Kartoffeln sind ein fester Bestandteil unserer Küche. Die Pflanzen entwickeln ein recht umfangreiches Wurzelsystem, lassen sich aber dennoch leicht in Töpfen ziehen. Man pflanzt sie in der ersten Frühjahrshälfte und kann nach ein paar Monaten ernten.

Pflanze
Kartoffel

Standort
Volle Sonne

Härte
Verträgt Frost bis -15 °C

Erntezeit
Je nach Sorte vom späten Frühjahr zum Frühherbst

Topfgröße
Mindestens 30 cm Breite und 30 cm Tiefe

Topfmaterial
Kunststoff, Gewebebeutel

Substrat
Universalerde

Obwohl die Zahl der Kartoffelsorten riesig ist und Züchtungen in etlichen Farben, Formen und Größen zur Auswahl stehen, schaffen es nur die wenigsten in die Regale der Supermärkte. Wenn man etwas ungewöhnlichere Vertreter sucht (gerade sie schmecken oft am besten), muss man sie sich also selbst heranziehen.

TOPFKULTUR

Vor dem Pflanzen müssen die Knollen vorgekeimt werden. Dazu gibt man sie im Spätwinter in eine flache Schale, stellt sie in einen Eierkarton oder legt sie auf einige Lagen Zeitungspapier und lässt sie an einem kühlen, hellen Ort eine Weile ruhen, bis sie austreiben. Nach ungefähr sechs Wochen sind die Triebe bereit zum Auspflanzen.

Kartoffeln brauchen ein breites, tiefes Gefäß – ideal ist ein Abfalleimer aus Kunststoff oder ein Pflanzsack aus Gewebe. Das Behältnis muss reichlich Abzugslöcher haben. Geben Sie eine 15 cm dicke Schicht Erde hinein und legen Sie zwei Knollen so darauf, dass die Sprossen nach oben zeigen. Nun werden sie mit einer zweiten 15 cm dicken Schicht abgedeckt und gut gegossen. Sobald die Triebe rund 20 cm hoch sind, füllt man eine weitere Lage Substrat in das Gefäß, sodass nur noch ihre Spitzen aus der Erde gucken. So geht es weiter, bis der Topf fast voll ist. Gießen Sie immer gut, vor allem bei Hitze und Trockenheit. Eine ausgeglichene Vorratsdüngung ist ideal (*siehe auch S. 110*).

TIPP: ERNTEN

Kartoffeln werden vom Frühsommer bis zum Frühherbst geerntet. Salat- und Frühsorten sollten während der Blüte der Pflanzen aufgenommen werden, Vertreter der Haupternte erst dann, wenn das Laub abstirbt. Legen Sie das Gefäß auf die Seite, lockern Sie den Ballen und kämmen Sie mit den Fingern durch die Erde.

Mitte: ***Große Gewebetaschen*** *eignen sich vorzüglich als Pflanzgefäße für die Kartoffelkultur: Sie sind hoch und breit und bieten den reifenden Knollen reichlich Platz.*

Empfehlenswerte Sorten

'Foremost' *liefert glatte, runde Knollen mit gelber Schale und festem, weißem Fleisch. Früh- und Salatkartoffel.*

'Red Duke of York' *hat ovale Knollen mit auffallender roter Schale und cremeweißem Fleisch. Gut zum Backen.*

'Accent' *ist die ideale Pellkartoffel. Sie gehört zu den frühen Sorten und hat ovale Knollen mit hellgelbem Fleisch.*

'Belle de Fontenay' *liefert kleine gelbe, nierenförmige, festkochende Knollen. Eine Salatsorte, die sich gut lagern lässt.*

'Yukon Gold' *heißt eine große gelbschalige Kartoffel, die man am besten bäckt oder brät. Reicher, buttriger Geschmack.*

'Pink Fir Apple' *bildet knotige Knollen, die sich nicht schälen lassen, weshalb man sie abreibt. Kalt in Salaten servieren.*

'Ratte' *ist eine alte französische Sorte mit nussigem, festkochendem Fleisch. Die Knolle wird kalt oder heiß verzehrt.*

'Charlotte' *schmeckt hervorragend, hat einen hohen Ertrag und schmale Knollen mit festem, cremegelbem Fleisch.*

Kartoffeln aus der Tonne

Am besten schmecken Kartoffeln unmittelbar nach der Ernte. Wenn man sie in hohen Töpfen oder Tonnen wie dieser heranzieht, hat man sie immer greifbar und kann sie ganz spontan ernten. Zieht man außerdem frühe, mittelfrühe und späte Sorten gleichzeitig, wird man vom Frühjahrsende bis zum Herbstanfang mit den frischen Knollen versorgt.

1 Saatkartoffeln zum Vorkeimen so in Eierschachteln legen, dass die Seite mit den meisten Augen nach oben zeigt. Auf eine kühle Fensterbank stellen. Einpflanzen, sobald die Triebe 2 cm lang sind.

2 Im Mai Löcher in den Boden der Tonne bohren und Tonne zu einem Drittel mit Erde füllen. 5 Kartoffeln mit den Trieben nach oben auf die Erdoberfläche legen. 15 cm dick mit Erde bedecken und wässern.

3 Nach und nach Erde einfüllen, während die Pflanzen höher werden, bis die Tonne voll ist. Dieses Anhäufeln regt sie zur Bildung immer neuer Sprossknollen an und verhindert, dass diese grün und giftig werden.

4 Die großen, stark belaubten Pflanzen und ihre reifenden Sprossknollen müssen regelmäßig mit Wasser versorgt werden. Wöchentlich düngen (*siehe S. 58*) und gut gießen, sodass die Erde nie austrocknet.

5 Wird gut gewässert, sind die Knollen etwa zur Blütezeit erntereif. Tonne leeren und alle Knollen auf einmal ernten oder Pflanzen weiterwachsen lassen und nur aus der Erde holen, was gerade gebraucht wird.

TIPP: KARTOFFELSÄCKE

Auch ein robuster Jutesack eignet sich für die Kartoffelkultur, kann aber nur einmal benutzt werden. Dazu Kartoffeln wie in Schritt 1–5 beschrieben ziehen, zum Ernten den Sack anschließend seitlich aufschneiden und die Knollen aus der Erde holen.

Die Triebe von Kartoffeln *brechen leicht. Um ein Umknicken zu verhindern, steckt man einige Stäbe als Stütze in die Erde, bevor die Tonne voll ist.*

Gesunde Wurzeln

Wurzelgemüse in Töpfen zu ziehen mag nicht das Naheliegendste sein. Aber solange man den Pflanzen ein tiefes Gefäß gibt und sie mit ausreichend Wasser versorgt, kommen sie mit dieser Art der Kultur gut zurecht. Rote Beten brauchen praktisch überhaupt keine Pflege. Meerrettich fordert zwar etwas mehr Aufmerksamkeit ein, doch lohnt sich für Liebhaber seiner scharfen Saucen die Mühe auf jeden Fall.

Meerrettich

Pflanze
Meerrettich

Höhe und Breite
H 75 cm, B unterschiedlich

Standort
Sonne oder Halbschatten

Härte
Winterhart

Erntezeit
Herbst

Topfgröße
Mindestens 30 cm

Topfmaterial
Kunststoff

Substrat
Universalerde

Im Freiland kann Meerrettich wuchern, doch kann man seinen Ausbreitungsdrang zügeln, indem man ihn in einen großen Kübel verbannt. Die nackten Wurzeln werden im Frühjahr verkauft, Jungpflanzen sind etwas später erhältlich. Man pflanzt die Wurzeln (die »Fechser«), indem man einen Topf mit Erde füllt, mit einem Pflanzholz Löcher in das Substrat sticht und die Wurzel so hineinsteckt, dass sich das obere Ende 5 cm unter der Oberfläche befindet. In einem 30-cm-Topf bringt man drei Exemplare unter. Sie werden mit Erde abgedeckt und gut gegossen. Geerntet wird Meerrettich, indem man ihn im Herbst bei Bedarf ausgräbt. Ansonsten lässt man die schlafenden Wurzeln im Topf.

VERJÜNGEN

Meerrettich erweist sich als sehr wüchsig und füllt den Topf in kürzester Zeit aus. Man verjüngt ihn am besten mit der Ernte im Herbst. Holen Sie etwa die Hälfte der Wurzeln heraus und pflanzen Sie die restlichen wieder neu ein. Diese treiben im Frühjahr neu aus.

TIPP: LAGERN

Meerrettich wird am besten frisch genossen. Wer zu viel geerntet hat, legt die Wurzeln in eine Kiste, bedeckt sie mit feuchtem Sand und stellt sie an einen kühlen, dunklen, frostfreien Platz. Man kann sie auch schälen, raspeln und im Ofen bei schwacher Hitze ein paar Stunden trocknen. Luftdicht gelagert halten sie so 2–3 Monate.

Armoracia rusticana *'Variegata'* *mit weiß geflecktem Laub ist wesentlich dekorativer als die gängigere grüne Art.*

Rote Bete

Pflanze
Rote Bete

Höhe und Breite
H 1,8 m, B 1 m

Standort
Volle Sonne

Härte
Winterhart

Erntezeit
Sommer bis Frühherbst

Topfgröße
30 cm

Topfmaterial
Kunststoff, Ton

Substrat
Universalerde

Wer noch nie frische Rote Beten genossen hat, weiß nicht, was ihm entgeht. Die Knollen haben einen warmen, erdigen Geschmack, der wesentlich süßer ist als alles, was man in Essig eingelegt als Konserve bekommt. Zarte Babywurzeln schmecken roh in Salate geraspelt köstlich, reifere Exemplare dagegen kocht oder grillt man am besten. Sie werden geerntet, bevor sie in der Mitte verholzen – idealerweise mit nicht mehr als 6 cm Durchmesser. Auch die kräftig gefärbten Blätter sind essbar; man erntet sie jung für Salate oder dämpft sie wie Spinat.

Die Auswahl an Sorten in den verschiedensten Farben und Formen ist groß, doch haben sie alle eines gemeinsam: Sie sind kinderleicht zu ziehen.

AUSSAAT

Die Aussaat erfolgt vom Frühjahrsbeginn bis zum Frühsommer. Füllen Sie dazu ein Gefäß mit Erde und lassen Sie 5 cm Abstand zum Rand, damit das Wasser beim Gießen nicht überläuft. Nun wird der Samen dünn auf die Oberfläche gesät und mit einer 2 cm dicken Schicht gesiebter, klumpenfreier Erde bedeckt. Wässern Sie die Samen regelmäßig. Sobald die Sämlinge groß genug sind, dünnt man sie auf 12 cm Abstand aus, damit die Wurzeln genug Platz haben, sich zu entwickeln. Die ausgedünnten Pflänzchen kann man als Salat genießen.

***Rote Bete** bringen Farbe ins Spiel und lassen sich problemlos aus Samen ziehen. Man braucht sie nur gut zu gießen.*

KÖSTLICHE WURZELN

EMPFEHLENSWERTE SORTEN

***'Red Ace'** wächst kräftig und verträgt Trockenheit. Die dunkelroten runden, einheitlich großen Wurzeln verführen mit einem feinen, süßen Geschmack.*

***'Chioggia Pink'** heißt eine außen rosarote Sorte, die beim Aufschneiden ein rosa Fleisch mit konzentrischen Kreisen zeigt. Man wässert sie gut, damit sie nicht schosst.*

***'Boltardy'** ist eine sehr beliebte Sorte, weil sie kaum schosst und bei früher Aussaat sehr früh geerntet werden kann. Die zarten runden Knollen haben eine glatte Schale.*

***'Forono'** lässt sich wegen der langen Wurzeln gut in Scheiben schneiden. Junge Exemplare schmecken besonders gut. Man sät erst zur Frühjahrsmitte, um Schossen zu verhindern.*

Knackige Karotten

Karotten in Gemüsebeeten sind wir gewohnt, doch entwickeln sich die Wurzeln auch in der Topfkultur. Man muss nur die Topfhöhe an die gesäte Sorte anpassen: Lange, spitz zulaufende Formen brauchen ein hohes Gefäß, während kurze Stumpen mit flachen Behältnissen und Erdsäcken zurechtkommen.

Pflanze
Karotte 'Mini Finger'

Standort
Volle Sonne

Härte
Winterhart, doch junge Pflanzen können vom Frost geschädigt werden

Erntezeit
Spätsommer bis Herbst

Topfgröße
20 cm

Topfmaterial
Kunststoff, Ton

Substrat
Tonhaltige, nährstoffreiche Blumenerde

Die runden Stumpfen eignen sich natürlich am besten für Gefäße. Falls man aber tiefe Töpfe hat, kann man auch traditionelle lange Sorten darin ziehen. Karotten werden idealerweise jung und zart geerntet, solange sie noch süß und makellos sind. Daher wartet man, bis sie Farbe annehmen (meist werden sie orangefarben), und erntet sie, sobald sie etwa fingerdick sind. Gedrungene Sorten empfehlen sich besonders: Die Zwergform 'Mini Finger' reift rasch und hat schlanke Wurzeln.

Frühsorten werden im zeitigen Frühjahr gesät, müssen anfangs aber zum Schutz vor widriger Witterung mit Hauben oder Vlies abgedeckt werden. Ab April oder Mai kann man sie auch ohne Schutz im Freien aussäen.

Damit sich die Karottenkultur lohnt, sollte man immer mehrere Töpfe zur Ernte parat haben und sie in etwa 14-tägigem Rhythmus satzweise besäen. Eine weitere Möglichkeit ist, ein großes Gefäß in mehrere Abschnitte zu teilen und die Aussaat darin zu staffeln. Die Samen werden dünn auf die Oberfläche von feuchtem Substrat im Abstand von 2–3 cm gesät und 1 cm hoch mit Erde bedeckt.

GIESSEN UND DÜNGEN

Die Erde muss stets feucht bleiben, doch darf man auch nicht überreichlich wässern, sonst bildet sich zu viel Laub auf Kosten der Wurzeln. Lässt man den Ballen dagegen mehrere Tage lang austrocknen und gießt anschließend wieder, platzen die Karotten auf. Frische tonhaltige Topferde enthält ausreichend Nährstoffe, sodass ein Düngen nicht notwendig ist.

TIPP: SCHUTZ VOR DER MÖHRENFLIEGE

Beim Ausdünnen der Sämlinge wird die Möhrenfliege vom Geruch angelockt und legt ihre Eier ab. Nach dem Schlüpfen fressen sich die Larven in die Wurzeln. Man sät daher spärlich aus, um nicht ausdünnen zu müssen, und deckt die Töpfe mit Kulturschutznetz ab.

Mitte: ***Die Karottensorte 'Mini Finger'*** *entwickelt zylindrische Wurzeln, die fingerbreit am zartesten schmecken.*

Empfehlenswerte Sorten

'Bangor' *wird am besten in einem hohen Gefäß gezogen. Die Sorte hat schmackhafte, glatte, längliche Wurzeln.*

'Carson' *ist eine spitz zulaufende Sorte mit süßem Geschmack und knackiger Konsistenz. Sie lässt sich gut lagern.*

'Chantenay Red Cored 2' *schmeckt herrlich süß. Die gedrungenen Wurzeln sind dunkelorange.*

'Infinity' *entwickelt lange, schlanke, knackige Wurzeln, die sehr süß schmecken. Man erntet sie nach drei Monaten.*

'Amsterdam Forcing 3' *ist eine beliebte alte Sorte mit orangefarbenen, süßen Wurzeln, die roh köstlich schmecken.*

'Autumn King 2' *bildet schmackhafte Wurzeln mit rotem Kern, die kaum aufplatzen, aber ein hohes Gefäß brauchen.*

'Volcano' *heißt diese sehr schmackhafte, lange, schlanke Sorte, die wegen ihrer Frosthärte früh gesät werden kann.*

'Parmex' *reift rasch und liefert rundliche Wurzeln mit intensivem Geschmack, die man als Ganzes naschen kann.*

Kürbisse

Kürbisse bringen den frühherbstlichen Garten zum Leuchten wie kaum ein anderes Gemüse, egal ob sie über den Rand eines Gefäßes hängen oder an Stützen emporklettern. Man kann sie bis zu sechs Monate lang lagern und ihr schmackhaftes Fruchtfleisch genießen, das für winterliche Gerichte gebacken, gedünstet oder gekocht wird. Die kleinen Formen bieten sich zudem als origineller Tischschmuck an.

Pflanzen
'Harlequin', Patisson, kleiner Kürbis

Standort
Volle Sonne

Härte
Verträgt keine Temperaturen unter 0 °C

Erntezeit
Herbst

Topfgröße
Mindestens 30 cm

Topfmaterial
Kunststoff, Hochbeet, Erdsack

Substrat
Universalerde

Die Auswahl an Kürbissen ist unüberschaubar groß, was angesichts der Vielfalt an Formen, Fruchtfarben und Größen auch kein Wunder ist. Sie sehen in Gefäßen, Hochbeeten oder Erdsäcken auf einer sonnigen, geschützten Terrasse blendend aus und schmecken obendrein noch gut.

Man kauft entweder im späten Frühjahr Jungpflanzen oder sät im Haus aus, indem man im Frühjahr zwei Samen 2–3 cm tief in Seitenlage in kleine Töpfe steckt, die in einen beheizten Anzuchtkasten kommen. Nach der Keimung wird der schwächere der beiden Sämlinge entfernt. Sobald sich die Wurzeln im Abzugsloch zeigen, setzt man die Pflänzchen in größere Gefäße um. Wenn die Spätfrostgefahr vorbei ist, dürfen sie nach draußen. Wer nicht genug Platz hat, um die Triebe über den Boden kriechen zu lassen, zieht sie an Stützen. Wenn sie sich nicht festhalten, bindet man sie fest. Die Stützen müssen jedoch die schweren Früchte tragen können. Vor allem bei Hitze muss man regelmäßig gießen.

KÜRBISSE REIFEN LASSEN

Die Früchte reifen nur, wenn sie viel Licht und Sonne bekommen. Daher muss beschattender Wuchs entfernt werden. Geerntet wird je nach Sorte unterschiedlich, aber immer vor dem ersten Frost.

TIPP: LAGERN VON KÜRBISSEN

Nach der Ernte legen Sie Ihre Kürbisse auf eine saubere Fläche an einen sonnigen Platz, etwa auf ein Regal in einem kühlen Raum oder eine Bank im Gewächshaus. Dort bleiben sie ungefähr eine Woche lang, bis die Schale hart wird. So kann das Fleisch während der Lagerzeit im Winter nicht austrocknen. An einem kühlen, frostfreien Platz auf einer trockenen Lage Karton oder Stroh halten sie bis zum Frühjahr.

'Harlequin' und Patissons *sowie kleine Kürbisse brauchen wöchentlich einen kalireichen Dünger, etwa einen Tomatendünger. Der Lohn für die Mühe sind ausgesprochen dekorative Früchte.*

Empfehlenswerte Sorten

'Turk's Turban' *gehört zu den farbenprächtigsten Kürbissen. Das zitronengelbe Fleisch schmeckt etwas nach Rübe.*

'Jack Be Little' *trägt bis zu acht winzige Früchte pro Pflanze. Sie sind gerade so groß, dass sie für eine Portion reichen.*

'Sweet Dumpling' *hat bis zu zehn gestreifte Früchte pro Pflanze. Man bäckt sie ganz oder schneidet sie in Eintöpfe.*

'Crown Prince' *bietet eine gerippte, blaugraue Schale und orangefarbenes Fleisch, das gebacken köstlich schmeckt.*

Kleine Kürbisse *brauchen keine Stütze, wenn man schwere Früchte in Netze steckt, in denen Zitrusfrüchte verkauft werden, und diese an kräftige Stäbe bindet, damit keine Triebe brechen.*

Winterfreuden

Sie ziehen sich gern Ihr eigenes Gemüse? Dann gibt es keinen Grund, warum damit im Herbst schon Schluss sein sollte. Sie können die Saison problemlos mit winterhartem Gemüse bis in den Winter ausdehnen und auch in der kalten Jahreszeit noch frische Genüsse draußen ernten. Das kälteverträgliche Gemüse lässt sich in großen Töpfen kultivieren und leicht aus Samen oder Jungpflanzen ziehen, die man sich im Handel besorgt.

Lauch

Pflanze
Lauch

Standort
Volle Sonne

Härte
Winterhart

Erntezeit
Spätherbst bis Winter

Topfgröße
30 cm oder größer

Topfmaterial
Stein, Erdsäcke, Kunststoff, Holzkisten

Substrat
Tonhaltige, nährstoffreiche Blumenerde

Lauch ist eine feste Größe im Gemüsegarten, dank seiner aufrechten Stängel und der überhängenden, blau bereiften Blätter aber auch eine stattliche, dekorative Topfpflanze. Um eine gute Show und gleichzeitig eine erkleckliche Ernte zu liefern, pflanzt man genug für mehrere Mahlzeiten. Lauch wird in preiswerte Plastiktöpfe oder große Gefäße wie z.B. Holzkisten gesteckt, die mindestens 35 cm hoch sind.

Stellen Sie Lauch an einen sonnigen, geschützten Platz. Gesät wird im April–Mai drinnen; im Juni–Juli kommen die Sämlinge in ihr Freilandgefäß. Man gießt sie gut und erntet die Stangen ab dem Spätherbst.

TIPP: SÄMLINGE AUSPFLANZEN

Pflanzen Sie Lauchsämlinge im Juni–Juli in große Töpfe. Als Erstes sticht man mit einem Pflanzstock 20 cm tiefe Löcher in 15 cm Abstand und steckt je einen Sämling hinein. Dann gießt man und lässt das Wasser ablaufen. Dadurch werden die Wurzeln mit Erde bedeckt und die Stängelansätze gebleicht.

FÜR DIE KALTE JAHRESZEIT

***Je nach Sorte** kann Lauch zwischen September und April geerntet werden. Lässt man ihn im Frühjahr zu lange stehen, beginnt er zu blühen und es bildet sich ein fester Kern im Inneren, wodurch er ungenießbar wird.*

Winterkohl und Endivie

Pflanze
Endivie

Standort
Volle Sonne

Härte
Winterhart

Erntezeit
Spätherbst bis Winter

Topfgröße
Große rechteckige Tröge oder 45-cm-Topf

Topfmaterial
Stein, Erdsäcke, Kunststoff

Substrat
Tonhaltige, nährstoffreiche Blumenerde

Viel Gemüse kann man im Winter nicht ernten, doch wer Kohl in Gefäßen zieht, braucht auch in der kalten Jahreszeit nicht auf Frisches zu verzichten. Die Köpfe halten nicht nur widrigster Witterung stand, sie sehen dabei auch noch gut aus. Und die Auswahl ist gar nicht einmal so klein. Sie reicht von glattlaubigen Sorten bis zum runzeligen Wirsing.

Säen Sie im späten Frühjahr aus und pflanzen Sie die Sämlinge im Hochsommer in einen Trog oder ein rechteckiges Gefäß, in dem mehrere Köpfe Platz finden. Man deckt sie mit Insektennetzen ab, um sie vor dem Kohlweißling zu schützen, dessen Raupen das Gemüse im Handumdrehen verputzen. Gießen Sie die Pflanzen gut und arbeiten Sie beim Einpflanzen etwas ausgeglichenen Langzeitdünger in das Substrat ein.

ENDIVIE

Die ausgefransten Blätter der Endivie wirken ausgesprochen dekorativ, doch an ihren bitteren Geschmack muss man sich gewöhnen. Ausgesät werden die Salate im Hochsommer in große Gefäße; nach einer Weile dünnt man sie auf 20 cm Abstand aus. Zupfen Sie die äußeren Blätter nach Bedarf ab oder ernten Sie gleich den ganzen Kopf. Mitunter treibt die Pflanze noch einmal durch. Eine Abdeckung im Winter verlängert die Ernte.

Endivie *sieht in Töpfen gut aus. Ihr bitterer Geschmack bereichert im Winter die Speisen.*

SORTENEMPFEHLUNGEN

'January King 3' *ist eine Wirsingsorte mit großen schmackhaften Köpfen, die von bereiften, gekräuselten äußeren Blättern umrahmt werden.*

'Jewel' *ist schossfest und trotzt unbekümmert schlechtem Winterwetter. Die Sorte bildet einen lockeren Kopf aus sehr schmackhaften, glatten dunkelgrünen Blättern.*

'Siberia' *verdient seinen Namen: Selbst Frost, Schnee und andere Wetterunbilden des Winters können diesem Wirsing mit süßem Geschmack nichts anhaben.*

'Tarvoy' *wurde gezüchtet, um selbst widrigstem Winterwetter zu trotzen. Der Wirsing bildet einen dichten Kopf aus runzeligen dunkelgrünen, nahrhaften Blättern.*

Frische Minze

Minze taugt nicht nur zum Garnieren von Speisen, sondern man bereitet damit auch den beliebten Pfefferminztee zu. Aber warum soll man sich auf »minzige« Minze beschränken, wenn es auch nach Ingwer, Apfel oder sogar Schokolade schmeckende Vertreterinnen gibt? So vielfältig ihre Geschmacksrichtungen, so facettenreich sind ihre Blattformen. Gönnen Sie sich ein paar dieser Gewächse in Töpfen

Pflanzen
Mentha suaveolens 'Variegata', Hornveilchen, *Bacopa* (Syn. *Sutera*) *cordata*

Höhe und Breite
Mentha:
H und B 30 cm;
Hornveilchen:
H 15 cm;
Bacopa: B 30 cm

Standort
Sonne oder Halbschatten

Härte
Winterhart

Erntezeit
Frühjahr bis Herbst

Topfgröße
30 cm

Topfmaterial
Ton, Stein

Substrat
Tonhaltige, nährstoffreiche Blumenerde

KRÄUTER

Wer Minze in seinem Garten ins Freiland setzt, muss damit rechnen, dass sie sich ungehemmt ausbreitet. Um das zu vermeiden, verbannt man das Kraut in Töpfe, wo man es in Reichweite neben die Eingangstür stellen oder in eine Lücke in der Rabatte versenken kann. Der Gefäßrand muss etwas über die Erdoberfläche hinausragen, damit keine Triebe entwischen.

Es stehen Dutzende Minze-Arten und -Sorten zur Auswahl. die Grüne Minze *Mentha spicata* 'Tashkent' wächst aufrecht und trägt stark runzelige Blätter, während die Schokoladen-Minze *M.* × *piperita* fo. *citrata* 'Chocolate' dunkelbraunes Laub aufbietet, das nach Schokocreme schmeckt. *M.* 'Berries and Cream' hat eine fruchtige Note, *M. arvensis* 'Banana' duftet, wie der Name schon andeutet, nach Bananen. Wenn Sie mehrere Minzen kultivieren wollen, pflanzen Sie sie nicht direkt nebeneinander, sonst verlieren sie ihren typischen Duft und Geschmack.

Die Pflege von Minze ist einfach. Man zieht sie an einem sonnigen bis halbschattigen Platz und gießt sie gut, vor allem bei heißer, trockener Witterung. Zweimal im Jahr bekommt Minze eine Kopfdüngung mit einer Handvoll Hornmehl. Durch regelmäßiges Abzupfen der Blätter hält man die Pflanzen kompakt und regt sie zum Neuaustrieb an. Sind sie im Sommer verblüht, schneidet man die Blütentriebe auf etwa 5 cm über dem Boden zurück.

TIPP: NEUE PFLANZEN

Wenn es einer Minze im Topf zu eng wird, muss man sie verjüngen. Dazu Topf umdrehen und Ballen herausholen. Durch Auseinanderziehen der Wurzeln in zwei Teile teilen und die Teile in frisches Substrat eintopfen.

Minze lässt sich aber auch aus Triebstecklingen ziehen: 10 cm lange Triebe in kleine, mit feuchter Erde gefüllte Töpfe setzen oder in Wasser stellen, bis sie Wurzeln bilden.

HALTBAR MACHEN

Minze wird am besten frisch verwendet, doch kann man sie auch für den Winter konservieren. Dazu erntet man die Triebe, wäscht sie gut, schüttelt sie trocken, schneidet sie klein und friert sie in Eiswürfelschalen ein. Braucht man sie, holt man einfach einen Eiswürfel heraus.

Die Zitronen-Minze (Mentha × piperita *fo.* citrata *'Lemon') verbindet Pfefferminz- und Zitrusgeschmack. Sie passt in Blatt- wie in Obstsalate.*

Minze: eine Auswahl

Die Rundblättrige Minze (Mentha suaveolens) *trägt ovale Blätter und rosalila Blüten im Sommer.*

Die Ross-Minze (Mentha longifolia) *ist eine Wildart mit grauem Laub und violetten Blütenständen.*

Die Ingwer-Minze (Mentha × gracilis) *mit eiförmigem Laub verströmt einen würzigen Minzeduft, der zu Obst passt.*

Die Bergamott-Minze (Mentha × piperita *fo.* citrata) *ist hoch aromatisch. Man legt sie in Essig ein.*

Die Ananas-Minze *bildet mit Veilchen und Bacopa unterpflanzt eine Gruppe im ländlichen Stil. Sie macht sich gut in großen rustikalen Gefäßen wie alten Kaminaufsätzen.*

Kräuterampel

Ampeln werden meist mit Sommerblumen bestückt. Genauso hübsch anzusehen und obendrein nützlich sind die »schwebenden Minigärten«, wenn man sie mit kleinen und hängenden Gemüse- und Kräutersorten besetzt.

1 Damit das Substrat Feuchtigkeit länger hält, Korb vor dem Befüllen mit Folie ausschlagen, Löcher in die Folie stechen. Evtl. Wasserspeicher-Granulat (Hydrogel-Perlen) und Langzeitdünger in die Topferde mischen.

2 Aufrecht wachsende Kräuter und Gemüse in die Mitte, hängende und kriechende Formen an den Rand pflanzen. In großen Körben eventuell einige Sommerblumen als Farbgeber hinzufügen. Dicht bepflanzen.

3 Um jede Pflanze herum noch etwas Erde einfüllen; die Gewächse dürfen nicht wackelig stehen. Korb bis 3 cm unterhalb des Rands mit Substrat auffüllen, sodass gründlich gewässert werden kann.

4 Pflanzen gut wässern und den Korb an einem geschützten, sonnigen Platz aufhängen. Für eine reichliche Ernte im Sommer zweimal täglich gießen und wöchentlich einen Flüssigdünger geben.

Bei dieser Auswahl *an verschiedenen Minze-Arten, z. B. Schnittlauch, Thymian und Currykraut, ist die Chance groß, genau das richtige Gewürz für die nächste Mahlzeit zu finden.*

Teekräuter

Kräuter sind nicht nur zum Würzen von Speisen da, viele werden auch wegen ihrer wohltuenden Eigenschaften geschätzt. Aus ihren Blättern oder Blüten lassen sich z. B. aromatische, beruhigende Tees zubereiten. Zu den Heilkräutern, aus denen Tee bereitet wird, gehören Fenchel, Melisse und Kamille. Die nützlichen Pflanzen gedeihen in der Sonne und sind eine willkommene Bereicherung von Topfgärten.

Fenchel *Foeniculum vulgare*

Pflanzen
Gewürz-Fenchel und Knollen-Fenchel (*Foeniculum vulgare* var. *dulce* und *F. v.* var. *azoricum*)

Höhe
H 2 m, B 45 cm

Standort
Volle Sonne

Härte
Winterhart

Erntezeit
Blätter vom Frühjahr zum Herbst, Samen im Herbst, Knolle im Herbst

Topfgröße
30 cm und mehr

Topfmaterial
Kunststoff, Metall

Substrat
Tonhaltige, nährstoffreiche Blumenerde

Zwei Varietäten des Fenchels werden in der Küche verwendet: Knollen-Fenchel und Gewürz-Fenchel. Der zweijährige Knollen-Fenchel wird wegen seiner scheidenartig verdickten Blattstiele gezogen, die man in Salate raspelt oder dünstet, während die gefiederten Blätter des mehrjährigen Gewürz-Fenchels Salate bereichern. Seine scharfen Samen, die auf die gelben Blüten folgen, kommen ebenfalls in der Küche oder als Tee zum Einsatz (*siehe unten*). Neben der grünlaubigen Art lohnt der Anbau der Sorte 'Smokey' mit bräunlichen Blättern und süßem Lakritzgeschmack.

KULTUR

Säen Sie Knollen-Fenchel im Frühjahr im Haus in kleine Töpfe. Nach den letzten Frösten bringt man die Sämlinge nach draußen und pflanzt sie mit 30 cm Abstand. Gewürz-Fenchel wird ebenfalls ausgesät oder aus gekauften Jungpflanzen gezogen. Beide Arten brauchen stark durchlässige, tonhaltige Erde, in deren oberste Schicht etwas Langzeitdünger eingearbeitet wurde. Man gießt sie gut und mulcht mit Komposterde.

TIPP: FENCHELTEE

Aus Fenchelsamen werden seit jeher wohlschmeckende Tees zubereitet, die verdauungsfördernd wirken und Magenkrämpfe lösen. Dazu bringt man 0,5 l Wasser zum Kochen, gibt einen Teelöffel zerstoßene Fenchelsamen hinein und lässt das Ganze 10 Minuten ziehen. Abseihen und mit frischer Orangenschale servieren.

Wer den Geschmack von Anis mag, *hat mit Knollen-Fenchel* (Mitte) *und Gewürz-Fenchel das perfekte Paar im Garten.*

Römische Kamille *Chamaemelum nobile*

Pflanze
Römische Kamille (*Chamaemelum nobile*)

Höhe und Breite
H und B 30 cm

Standort
Volle Sonne

Härte
Winterhart

Erntezeit
Sommer

Topfgröße
30 cm

Topfmaterial
Ton, Stein, Kunststoff

Substrat
Tonhaltige, nährstoffreiche Blumenerde

Kamillentee wird aus den frischen und getrockneten Blütenköpfchen dieser Einjährigen zubereitet. Ihre weiß-gelben Blumen erscheinen im Sommer an langen Stängeln über grünem, gefiedertem Laub, das beim Zerreiben duftet. Die Blüten der Römischen Kamille haben die beste Qualität. 'Flore Pleno' wird 15 cm hoch und trägt gefüllte Blumen, während die niedrige Sorte 'Treneague' als Bodendecker und Rasenersatz zum Einsatz kommt, jedoch keine Blumen bildet und sich daher nicht für Tees eignet.

KULTUR

Ziehen Sie Kamille aus Samen oder kaufen Sie im Frühjahr Jungpflanzen. Sie werden in 30-cm-Töpfe mit Einheitserde gesetzt und in der vollen Sonne aufgestellt. Alle sechs Wochen wird mit einem Flüssigdünger für Nährstoffnachschub gesorgt. Gelegentliches Stutzen verhindert, dass die Stängel zu lang werden.

Kamille soll die Nerven beruhigen.

KRÄUTER

Zitronen-Melisse *Melissa officinalis*

Pflanze
Zitronen-Melisse (*Melissa officinalis* 'All Gold')

Höhe und Breite
H 75 cm, B unterschiedlich

Standort
Volle Sonne

Härte
Winterhart

Erntezeit
Spätes Frühjahr bis Herbst

Topfgröße
20 cm

Topfmaterial
Ton, Stein, Kunststoff

Substrat
Tonhaltige, nährstoffreiche Blumenerde

Die Melissen-Sorte 'All Gold' eignet sich bestens für Tees.

Das ätherische Öl aus den Blättern der duftenden mehrjährigen Zitronen-Melisse kommt in der Aromatherapie zum Einsatz. Der Tee wiederum soll Spannungen lösen, die Verdauung fördern und das Gedächtnis verbessern. Die grüne Art *Melissa officinalis* sieht unspektakulär aus, doch die gelbe Sorte 'All Gold' und die grün-gelb panaschierte Form 'Aurea' brauchen sich nicht zu verstecken. Sie alle setzen ihren Duft bei der leichtesten Berührung frei und können zu beruhigenden Tees verarbeitet werden.

Für ein besonders gutes Aroma stellt man die Pflanzen in die volle Sonne und leicht erhöht, sodass man sie zum Greifen nah hat. Schneiden Sie regelmäßig, um einen verzweigten Wuchs zu fördern, und zwicken Sie die Blütenstände ab.

PFLEGE IM WINTER

Die sommergrüne Staude ist winterhart, leidet aber in nassen Wintern. Man stellt die Gefäße an einen geschützten Ort, etwa im Regenschatten einer Mauer, etwas erhöht auf Füße oder Steine.

Immergrüne Kräuter

Immergrüne Kräuter verdienen einen festen Platz im Garten. Sie bereichern ihn nicht nur ganzjährig mit ihren Farben, Strukturen und ihrem schönen Wuchs, im Winter sind sie sogar die wichtigsten Protagonisten, wenn es im Kräuterbeet wenig sonst zu ernten gibt. Lorbeer ist mit Petersilie und Thymian ein wesentlicher Bestandteil des klassischen Bouquet garni, während sich Salbei als Würzkraut für Fleisch einen festen Platz in der Küche erobert hat.

Lorbeer *Laurus nobilis*

Pflanze
Lorbeer (*Laurus nobilis*) als Hochstämmchen

Höhe und Breite
H 1,8 m, B 50 cm

Standort
Volle Sonne

Härte
Verträgt leichten Frost, braucht im Winter Schutz

Erntezeit
Ganzjährig

Topfgröße
30 cm oder größer

Topfmaterial
Beliebig

Substrat
Tonhaltige Blumenerde

Eine Eingangstür lässt sich kaum stilvoller einrahmen als mit einem Paar Lorbeer-Hochstämmchen. Ein einzelnes Exemplar dagegen bietet sich als zentraler Blickfang einer Topfgruppe auf einer befestigten Fläche oder als grüner Akzent in einer farbenfrohen Sommerblumenrabatte an.

Die Mittelmeerpflanze braucht viel Sonne und gute Dränage. Man stellt ihr Gefäß am besten auf Füße, damit Wasser gut ablaufen kann und die Wurzeln nicht in nasser Erde stehen. Im Winter stellt man Lorbeer an einen frostfreien Platz im Haus.

SCHNITT

Der immergrüne Strauch mit dichtem Laubwerk eignet sich vorzüglich für einen Formschnitt – zu einem Kegel oder einer Pyramide lässt er sich leicht zurechtstutzen. Ohne einen Schnitt sieht er nach einer Weile ziemlich zerzaust aus. Man schneidet im Sommer. Triebe am Stamm kappt man mit der Schere oder dreht sie ab.

TIPP: BLÄTTER KONSERVIEREN

Lorbeerblätter sind frisch am besten, doch kann man sie auch trocknen und aufbewahren – ob einzeln oder an einem Zweig. Dazu lagert man sie als Ganzes in luftdichten Tüten oder Gefäßen, wo sie sich etwa ein Jahr lang halten. Zusammen mit Petersilie und Thymian bildet Lorbeer das klassische Bouquet garni. In der Küche kommen die Blätter in Suppen und Eintöpfen zum Einsatz.

***Lorbeerbäumchen** bekommen im Frühjahr und Hochsommer einen ausgewogenen organischen Dünger.*

Salbei *Salvia officinalis*

Pflanzen
Panaschierter Echter Salbei (*Salvia officinalis* 'Tricolor'), Erdbeeren

Höhe und Breite
H 40 cm, B 1 m

Standort
Volle Sonne

Härte
Je nach Sorte frostempfindlich bis winterhart

Erntezeit
Ganzjährig

Topfgröße
25 cm

Topfmaterial
Beliebig

Substrat
Kultursubstrat mit Ton- oder Lehmanteil

Salbei ist ein aromatisches Kraut mit intensivem Geschmack, das gern als Küchengewürz verwendet wird. Am besten schmeckt der Echte Salbei (*Salvia officinalis*), doch macht er mit seinen graugrünen Blättern in einem Topf auf der Terrasse wenig her. Zum Glück gibt es von ihm etliche Sorten, die nicht nur gut schmecken, sondern auch gut aussehen, etwa die panaschierte Form *Salvia officinalis* 'Tricolor', *S. officinalis* 'Purpurascens' mit violettem Laub und *S. officinalis* 'Variegata'.

Die aus Nordafrika und dem Mittelmeerraum stammende Pflanze mit runzeligen Blättern braucht einen sonnigen, geschützten Standort, damit sich ihre ätherischen Öle entfalten. Obwohl sie als Halbstrauch wächst, ist sie kurzlebig, weshalb man sie etwa alle 4–5 Jahre austauschen muss. Wie bei vielen Stauden dauert die Anzucht aus Samen ziemlich lange. Man kauft daher Pflänzchen oder vermehrt über Stecklinge.

PFLEGE

Salbei ist ein recht anspruchsloses Gewächs. Man braucht nur den Sommer über regelmäßig zu gießen und sollte ihn im Frühjahr zurückschneiden. Winternässe mag die Pflanze allerdings nicht; daher stellt man die Töpfe an einen geschützten Platz auf Füße. Versorgen Sie Salbei einmal jährlich mit einem ausgeglichenen Langzeitdünger.

Salbei und Erdbeeren *wurden hier zu einem attraktiven und zugleich aromatischen Früchte-Kräuter-Mix kombiniert.*

KRÄUTER

EMPFEHLENSWERT

S. elegans *'Scarlet Pineapple'* *ist kein Küchenkraut, doch lohnt sich die Kultur wegen der nach Ananas duftenden Blätter und der hellroten Blüten im Herbst.*

S. officinalis *'Tricolor'* *heißt ein panaschierter Salbei, der mit seinen cremefarbenen, grünen und rosa Blättern einen hohen Zierwert hat und auch noch schmeckt.*

S. officinalis *'Purpurascens'* *ist eine winterharte Form mit runzeligen, stechend riechenden Blättern, über denen im Sommer hohe rosalila Blütenstände erscheinen.*

S. officinalis, *der Echte Salbei, trägt aromatisch duftendes, graugrünes Laub, das in der Küche einen hohen Stellenwert hat. Die winterharte Art übersteht den Winter im Freien.*

Aromatische Genüsse

Ihre beste Wirkung entfalten diese köstlichen Kräuter mit aromatischem Laub an warmen Tagen, wenn die in ihnen enthaltenen ätherischen Öle die Luft mit ihrem Duft erfüllen. Thymian und Basilikum gehören in eigenen Gefäßen an einen sonnigen Standort oder werden mit anderen Mittelmeerkräutern bzw. Nutzpflanzen zu einer dekorativen Gruppe kombiniert, die so gut aussieht, wie sie schmeckt.

Thymian *Thymus vulgaris*

Pflanzen
Echter Thymian, Estragon, Schnittlauch

Höhe und Breite
H und B 25 cm

Standort
Volle Sonne

Härte
Winterhart, braucht Schutz vor winterlicher Nässe

Erntezeit
Nahezu ganzjährig

Topfgröße
15 cm und mehr

Topfmaterial
Beliebig

Substrat
Tonhaltige Blumenerde mit Zusatz von Grobsand

Stellen oder hängen Sie Töpfe und Körbe mit Thymian in die Nähe der Eingangstür oder neben Sitzecken auf der Terrasse, damit man die frischen Blätter in Griffweite hat und sie über Salate oder Grillfleisch streuen kann.

Thymian ist ein zäher immergrüner Strauch, der extreme Trockenheit verträgt. Er gedeiht an einem sonnigen Standort in durchlässiger Erde. Ein trockener Topfballen bewirkt kompakten Wuchs. Im Winter verbessert man den Wasserabzug, indem man die Gefäße auf Füße stellt. Düngen Sie im Sommer alle 14 Tage mit Algenkalk und schneiden Sie die Pflanze nach der Blüte.

IDEAL FÜR TÖPFE

Es gibt viele gute bodendeckende und ausladende Formen, für Gefäße braucht man aber aufrechte Vertreter. Mit Duft, Geschmack und gutem Aussehen punkten die goldgelbe Sorte 'Golden Lemon', 'Fragrantissimus' mit Orangenduft und *T. pulegioides* 'Archer's Gold'.

TIPP: PFLANZPARTNER

Thymian lässt sich bestens mit anderen Kräutern und Nutzpflanzen kombinieren. Schön sieht er in Gesellschaft mit rotem Kopfsalat, Schnittlauch und Salbei in einem großen Gefäß aus. Neben seinem Wert in der Küche eignet er sich aber auch vorzüglich als Begleitpflanze, denn sein stechender Geruch hält Schädlinge fern. Bienen lieben die pollen- und nektarreichen Blüten.

Gold-Thymian, Estragon und Schnittlauch *mögen dasselbe stark durchlässige Substrat in diesem Hängekorb.*

Basilikum *Ocimum basilicum*

Pflanzen
Basilikum, Studentenblume, Thymian, Tomaten

Höhe und Breite
H und B 45 cm

Standort
Volle Sonne

Härte
Verträgt keine Temperaturen unter 0 °C

Erntezeit
Frühjahr bis Herbst

Topfgröße
15 cm und mehr

Topfmaterial
Kunststoff, Ton, Stein

Substrat
Universalerde

Basilikum selbst zu ziehen macht Spaß, denn das Kraut liefert reichlich Schmackhaftes für die Küche zum günstigen Preis. Man sät die frostempfindlichen Gewächse im Spätwinter oder zeitigen Frühjahr aus. Dazu füllt man einen 8-cm-Topf mit Vermehrungserde, drückt sie fest, streut einige Körnchen darauf und deckt sie mit einer dünnen Lage Vermiculit ab. Wässern Sie behutsam und stellen Sie den Topf in einen Anzuchtkasten oder stülpen Sie eine durchsichtige Plastiktüte darüber. Nach der Keimung nimmt man den Topf aus dem Kasten oder entfernt den Beutel. Halten Sie die Erde feucht und siedeln Sie die Sämlinge zu zweit oder dritt in 8-cm-Töpfe um, sobald sie 4–5 Blätter haben. Sind im Abzugsloch die Wurzeln zu sehen, muss man erneut umtopfen. Ab einer Temperatur von 10 °C kann man die Pflanzen nach draußen stellen, doch gedeihen sie unter Glas noch besser.

WUCHSKRAFT ERHALTEN

Basilikum treibt bis zum Sommerende immer neues Laub aus, falls man es stets dann in einen größeren Topf setzt, wenn im alten Gefäß Wurzeln durch das Abzugsloch spitzen. Halten Sie Ihre Exemplare buschig und wüchsig, indem Sie die Triebenden regelmäßig abzwicken und Blüten entfernen. Einmal im Monat braucht Basilikum einen Flüssigdünger. Gewässert wird morgens.

Basilikum im Verbund mit Tomaten, *Tagetes* und Thymian

KRÄUTER

BASILIKUM: SORTENEMPFEHLUNGEN

***'Dark Opal'** trägt violette, eiförmige, würzig duftende Blätter. Im Sommer erscheinen an den Triebspitzen kleine rosa Blüten in Büscheln.*

***'Horapha Nanum'** wächst kompakt und hat schmale, tief geäderte, nach Anis duftende Blätter, die in der thailändischen Küche häufig zum Einsatz kommen.*

***'Well Sweep Purple Miniature'** ist eine Zwergform des violetten Basilikums, das niedrige Büsche bildet. Die grün gerandeten, spitzen Blätter schmecken köstlich.*

***'Minette'** heißt eine kompakte Form, die in kleinen Töpfen hübsche runde Büsche bildet. Das Laub begeistert mit köstlich würzigem Geschmack.*

Unentbehrliche Küchenkräuter

Petersilie, Rosmarin und Oregano sind drei der wertvollsten und häufigsten Küchenkräuter. Trotzdem haben sie auch fernab vom Herd ihren Wert, denn alle sind mit dekorativem Laub ausgestattet. Rosmarin und Oregano schmücken sich überdies mit hübschen Blüten, die Nützlinge anlocken. Man stellt die Töpfe mit den Kräutern am besten gleich neben die Tür ins Freie, sodass man sie stets griffbereit hat.

Petersilie *Petroselinum crispum*

Pflanze
Petersilie (*Petroselinum crispum*)

Höhe und Breite
H 30 cm, B 25 cm

Standort
Halbschatten

Härte
Winterhart

Erntezeit
Ganzjährig

Topfgröße
25 cm

Topfmaterial
Kunststoff, Stein, Ton

Substrat
Universalerde

Wenn Sie ein Kraut für winterliche Gerichte brauchen, säen Sie im Herbst Petersilie aus, damit in der kalten Jahreszeit wohlschmeckende Blätter in ausreichender Menge zur Verfügung stehen. Man kann aber auch im Frühjahr aussäen und ganzjährig ernten. Petersilie ist zwar eine Zweijährige, wird jedoch häufig einjährig gezogen. Sie fühlt sich in Töpfen mit Universalerde und an halbschattigen Standorten wohl. Gießen Sie regelmäßig und zupfen Sie die Blätter häufig ab, um den Neuaustrieb zu fördern. Krause Petersilie sieht zwar besser aus, aber die glatte hat einen kräftigeren Geschmack und lässt sich leichter waschen.

TIPP: AUSSAAT

Sauberes Gefäß mit Erde füllen und Samen dünn auf die Oberfläche säen. Mit einer 1 cm dicken Lage Substrat abdecken, gießen und an einen kühlen Platz stellen. Bis die Samen keimen, kann ein Monat vergehen. Sind die Sämlinge groß genug, dünnt man sie auf 2 cm Abstand aus.

Krause Petersilie *hat für Terrassen einen guten Zierwert und liefert ganzjährig frisches Laub.*

Rosmarin *Rosmarinus officinalis*

Pflanze
Rosmarinus officinalis Prostratus-Gruppe

Höhe und Breite
H 15 cm, B 30 cm und mehr

Standort
Volle Sonne

Härte
Meist nicht winterhart

Erntezeit
Ganzjährig

Topfgröße
20 cm

Topfmaterial
Beliebig

Substrat
Tonhaltige, nährstoffreiche Blumenerde

Kriechender Rosmarin gedeiht gut in steinernen Töpfen.

Rosmarin bereichert eine Terrasse oder einen Hof. Der immergrüne Strauch mit vernehmlich riechenden, linealischen Blättern gibt jedes Mal, wenn man ihn streift, seinen Duft frei. Er eignet sich bestens für viel beschäftigte Gartenbesitzer, denn er braucht wenig Pflege: Gießen und einmal jährlich im Frühjahr ein Langzeitdünger reichen aus – mehr Betreuung ist überflüssig. Die hübschen blauen Blüten erscheinen im Frühjahr und Sommer. Ein Zurückschneiden der Triebe nach der Blüte hält die Pflanzen kompakt.

SORTENAUSWAHL

Als Topfpflanzen bieten sich mehrere Sorten an. 'Miss Jessopp's Upright' erreicht im Gefäß bis zu 60 cm Höhe, während die Vertreter der Prostratus-Gruppe hängend wachsen. 'Lady in White' blüht weiß, 'Majorca Pink' rosa. Die breitwüchsige Form 'McConnell's Blue' wird nur 40 cm hoch.

Oregano *Origanum vulgare*

Pflanze
Oregano (*Origanum vulgare*)

Höhe und Breite
H und B 30 cm

Standort
Volle Sonne

Härte
Nur in milden Gegenden winterhart, vor Winterregen schützen

Ernte
Spätes Frühjahr bis Herbst

Topfgröße
15 cm

Topfmaterial
Beliebig

Substrat
Tonhaltige, nährstoffreiche Blumenerde

Das unverzichtbare Pizzagewürz bereitet bei der Anzucht aus Samen im Frühjahr keine Probleme, doch bekommt man es auch in Form von Jungpflanzen aus dem Gartencenter. Man setzt es in kleine Töpfe mit durchlässiger, tonhaltiger Erde und stellt es an einen sonnigen Platz. Obwohl grünlaubiger Oregano am beliebtesten ist, gibt es ansehnlichere Formen: 'Gold Tip' trägt Blätter mit gelber Spitze, während das Laub von 'Aureum Crispum' gelbgrün und runzelig ist. Zu den dekorativsten Sorten aber gehört 'Kent Beauty' mit kleinen rosa, von tiefrosa Hochblättern umkränzten Blüten.

PFLEGE

Gießen Sie regelmäßig, übertreiben Sie es aber nicht, sonst faulen die Wurzeln. Man stellt die Töpfe auf Füße, damit überschüssiges Wasser abläuft. Im Winter bringt man Oregano an einen geschützten Standort im Regenschatten einer Mauer oder in ein Kalthaus. Nach der Blüte schneidet man die Pflanzen zurück und gibt ihnen einen Flüssigdünger.

Oregano ergibt eine kompakte Blattschmuckpflanze.

Thai-Kräuter

Sie mögen thailändische Gerichte und bereiten sie eigenhändig zu? Dann können Sie die dazugehörigen Würzpflanzen gleich selbst anbauen. Zitronengras, Ingwerwurzeln und Koriander gelten in der südostasiatischen Küche als unverzichtbare Zutaten, die man immer zur Hand haben muss. Sie alle kommen an einem sonnigen, geschützten Standort gut mit Pflanzgefäßen zurecht. Zitronengras allerdings gedeiht unter Glas wesentlich verlässlicher.

Zitronengras *Cymbopogon citratus*

Pflanze
Zitronengras

Höhe und Breite
H 90 cm, B 60 cm

Standort
Volle Sonne

Härte
Verträgt keine Temperaturen unter 0 °C

Erntezeit
Ganzjährig

Topfgröße
20 cm

Topfmaterial
Kunststoff, glasierte Keramik

Substrat
Tonhaltige, nährstoffreiche Blumenerde

Zitronengras wird in erster Linie wegen seiner verdickten, aromatischen Blattbasen kultiviert. Das Gras bildet ein Büschel aus leicht übergeneigten, riemenförmigen Blättern und kann sogar exotische Sommerblumen und andere Ziergewächse begleiten.

Vermehrt wird Zitronengras aus Stängelstücken, die man im Supermarkt kauft (*siehe unten*), oder durch Aussaat unter Glas im Spätwinter. Ausgebracht wird dünn in Töpfe; die Keimung erfolgt im Anzuchtkasten. Sind die Sämlinge groß genug, pflanzt man sie zu dritt in einen kleinen Topf und stellt sie auf eine helle Fensterbank. Sobald die ersten Wurzeln aus dem Wasserabzugsloch spitzen, kommen die Pflanzen in größere Gefäße.

PFLEGE

Im Frühsommer stellt man Zitronengras nach draußen in die Sonne, gießt es häufig und düngt alle 14 Tage. Wenn es im Spätsommer wieder nach drinnen kommt, stellt man es an einen hellen Platz und reduziert die Wassergaben, sodass der Ballen jedes Mal austrocknet.

TIPP: VERMEHRUNG DURCH STÄNGEL

Kaufen Sie frische Stängel und stellen Sie sie zum Bewurzeln in eine Schale Wasser auf einer sonnigen Fensterbank. Wasser regelmäßig wechseln. Haben sich Wurzeln entwickelt, schneidet man die Spitze ab und pikiert die Stängel in Töpfe mit tonhaltiger Erde. Im Sommer hält man den Ballen feucht, aber nicht nass.

Ernten Sie Zitronengras, *sobald die Stängel 30 cm hoch sind. Sie werden 2 cm über dem Ansatz gekappt und treiben wieder aus.*

Koriander und Ingwer *Coriandrum sativum* und *Zingiber officinale*

Ingwer, Zitronengras und Koriander *sind in Aussehen und Geschmack Exoten, lassen sich aber überraschend einfach in Töpfen ziehen.*

Pflanzen
Koriander und Ingwer

Höhe und Breite
Koriander:
H 50 cm, B 20 cm;
Ingwer:
H 90 cm, B 40 cm

Standort
Sonne oder Halbschatten

Härte
Verträgt keine Temperaturen unter 0 °C

Erntezeit
Koriander: Sommer bis Frühherbst;
Ingwer: Herbst

Topfgröße
20 cm

Topfmaterial
Kunststoffgefäß im dekorativen Übertopf

Substrat
Universalerde

Koriander bildet an einem sonnigen bis halbschattigen Platz im Garten einen ansehnlichen Horst aus dekorativen Blättern. Wer das Laub nutzen will, pflanzt 'Cilantro' oder 'Leisure'; wer Samen braucht, kultiviert die Art *Coriandrum sativum*. Alle drei lassen sich ohne Probleme aus Samen ziehen. Sie werden im Frühsommer dünn auf die Oberfläche eines mit tonhaltiger Erde gefüllten Topfs gesät und leicht mit Erde bedeckt. Will man Blätter ernten, lässt man alle 3 cm einen Sämling stehen, braucht man Samen, beträgt der Abstand 10 cm. Halten Sie den Ballen leicht feucht.

INGWER-KULTUR

Im Frühjahr bringt man Rhizome zum Keimen und stellt sie im Sommer nach draußen. Die Erde muss stets feucht bleiben. Eine monatliche Düngergabe ist ratsam. Ingwer mag es feucht, weshalb man ihn hin und wieder besprüht. Den Winter überlebt er nur, wenn es sehr hell und warm ist. Man lässt die Pflanzen also am besten im Herbst austrocknen und erntet die Wurzeln.

TIPP: INGWER PFLANZEN

Ingwer lässt sich leicht aus Rhizomen ziehen. Im Frühjahr frische, kräftige Wurzeln mit reichlich knotigen Augen im Supermarkt kaufen, in 5 cm lange Stücke schneiden, von denen jedes mindestens ein Auge hat, und in einen kleinen Topf mit tonhaltiger Erde stecken. Gießen und an einem hellen Platz aufstellen. Sobald die ersten Triebe erscheinen, aus der Sonne nehmen und nach Bedarf umtopfen. Alle 14 Tage mit Flüssigdünger versorgen. Ingwer ist nicht winterhart und muss am Ende der Wachstumszeit nach drinnen.

OBST IN TÖPFEN

Die Auswahl an Obstsorten ist fast endlos. Deshalb sollten Sie sich gut überlegen, welche am besten für Sie geeignet sind. Manche Sorten beispielsweise wurden speziell für die Topfkultur gezüchtet. Alle hier vorgestellten Obstsorten kommen mit Gefäßen oder Pflanzsäcken zurecht und liefern ordentliche Erträge. Wenn Sie mehr über spezielle Sorten erfahren wollen, wenden Sie sich an Saatgutanbieter und Spezialgärtnereien.

Eine clevere Auswahl *ist das A und O erfolgreicher Obstkultur. Erdbeeren etwa kommen in große Körbe weit weg von gierigen Schädlingen, Äpfel kauft man veredelt auf schwachwüchsiger Unterlage und Heidelbeeren brauchen saure Erde.*

Obstkultur im Jahreslauf

Weil Obstpflanzen viele Jahre an ihrem Standort bleiben, müssen sie regelmäßig gepflegt werden. Was man sich selbst überlässt, fruchtet oft schlecht und wird anfällig für Schädlinge und Krankheiten.

Frühjahr

VORBEREITUNGEN

Das zeitige Frühjahr bietet letztmals Gelegenheit, Bäume gegen überwinternde Schädlinge zu behandeln.
Topfpflanzen brauchen eine Kopfdüngung, Obstgehölze Spezialdünger.
Wässern und düngen Sie regelmäßig, da die Temperaturen nun steigen und die Pflanzen bald austreiben.

AUSPFLANZEN

Setzen Sie Erdbeer-Ausläuferpflanzen, sobald sich der Boden erwärmt hat, und decken Sie sie bis Mai ab. Damit sie kräftig werden, zwickt man die Blüten im Mai ab, sodass im ersten Jahr keine Früchte gebildet werden.
Wurzelnackte Gehölze werden spätestens in der ersten Frühjahrshälfte gepflanzt, sobald der Boden nicht mehr gefroren ist. (Topfpflanzen können ganzjährig gesetzt werden.)
Pflanzen Sie Himbeersträucher bis spätestens Mai aus.

ERNTE

Ernten Sie frühe Stachelbeeren, die unter Glas gezogen wurden.

LAUFENDE PFLEGE

Jäten Sie den Wurzelraum von Obstgehölzen, ohne die Wurzeln selbst zu verletzen.
Schneiden Sie Spalierpfirsiche und -nektarinen.
Decken Sie empfindliche Pflanzen mit Gartenvlies ab, um die Blüten zu schützen. Auch Pflaumen und Kirschen brauchen eventuell Schutz.
Reben oder unter Glas gezogene Gehölze müssen handbestäubt werden, falls sie nicht von Insekten angeflogen werden können.
Im April oder Mai schneidet man Feigen und bindet die Zweige an Stützen.
Im späten Frühjahr befreit man Pflaumen von abgestorbenem und verletztem Holz. An Spalierobst entfernt man unerwünschte Triebe.
Brombeeren und Hybridbeeren werden an ihre Stütze gebunden.
Nach der Blüte deckt man Beerenobst mit Netzen ab, um die reifenden Früchte vor Vögeln zu schützen.
Mulchen Sie Erdbeeren mit Stroh, um Unkraut zu unterdrücken, die Beeren sauber zu halten und Schnecken abzuwehren.
Prüfen Sie Pflanzen regelmäßig auf Schädlings- und Krankheitsbefall, vor allem Stachelbeer- und Johannisbeerbüsche, an denen sich die Larven von Sägewespen festsetzen, und ergreifen Sie bei Bedarf sogleich Gegenmaßnahmen (*mehr dazu auf S. 176–185*).

Beginnen Sie *ab Mai mit der Düngung von Obstbäumen gemäß den Herstellerangaben.*

Strohmulch *hält Erdbeeren sauber und unterdrückt Unkraut. Netze schützen sie vor Vögeln.*

Sommer

ERNTE

Ernten Sie Baumobst sukzessive ab und schneiden Sie Aprikosen und Pfirsiche nach der Ernte.

Ernten Sie Johannisbeeren und Stachelbeeren nach und nach ab.

Heidelbeeren, Erdbeeren und Sommerhimbeeren sollten bis zum Hochsommer erntereif sein.

LAUFENDE PFLEGE

Im Frühsommer werden die Ausläufer fruchtender Erdbeerpflanzen entweder am Boden fixiert oder entfernt.

Dünnen Sie die Früchte von Apfel-, Birn-, Pflaumen-, Pfirsich-, Aprikosen- und Nektarinenbäumen aus.

Schützen Sie Kirschbäume mit Netzen vor hungrigen Vögeln.

Wässern Sie alle Pflanzen gut und mulchen Sie den Ballen, um Feuchtigkeit im Substrat zu halten und Unkraut zu unterdrücken.

Düngen Sie Obstgewächse mit einem Kalidünger, sobald die Früchte reif werden.

Abgestorbenes und krankes Pflanzenmaterial wird entfernt und vernichtet, nicht jedoch auf den Komposthaufen geworfen.

Pflanzen werden auf Schädlinge und Krankheiten abgesucht und bei einem Befall sofort behandelt.

Binden Sie Beerensträucher, wie Brombeeren und Hybridbeeren, weiter an ihre Stützen.

Schneiden Sie Johannisbeer- und Stachelbeersträucher.

Im Spätsommer werden abgeerntete Apfel-, Birnen- und Pflaumenzweige geschnitten.

Nach der Erdbeerernte entfernt man Stroh und welkes Laub.

Die Ruten von Sommerhimbeeren werden nach dem Abernten entfernt.

Herbst und Winter

ERNTE

Zupfen Sie Herbsthimbeeren bis zum ersten Frost ab und ernten Sie die letzten Monatserdbeeren.

Ernten Sie das letzte reife Obst und lagern Sie Überschüssiges ein.

LAUFENDE PFLEGE

Im Herbst wird der Wurzelraum um alle Pflanzen gründlich gejätet; man entfernt außerdem verletztes und krankes Material und entsorgt es.

Schließen Sie den Sommerschnitt von Obstbäumen ab; an Spalierobst werden aus der Reihe tanzende Triebe angebunden oder herausgenommen.

Entfernen Sie abgeerntete Pflanzen aus dem Gewächshaus.

Reinigen Sie das Gewächhaus gut, bevor Sie kälteempfindliche Gehölze wie Zitrusbäume dort unterbringen.

Alte Ruten von Brombeeren und Hybridbeeren entfernt man nach der Ernte.

Decken Sie Pfirsiche, Aprikosen und Nektarinen zum Schutz vor der Kräuselkrankheit und strengen Frösten ab.

Wickeln Sie Gefäße ein, um Frostschäden zu vermeiden.

Äpfel- und Birnbäume werden geschnitten, sofern keine Minusgrade vorhergesagt sind.

Herbsthimbeeren, Stachelbeeren und Johannisbeeren werden geschnitten.

Erdbeeren deckt man mit Folien oder Gartenvlies ab.

Bringen Sie Topfpflanzen nach drinnen, damit sie früher austreiben.

Decken Sie sich für das nächste Jahr mit Mitteln gegen Schädlinge und Krankheiten ein.

Bestellen Sie bei Bedarf wurzelnackte Gehölze und bereiten Sie den Boden dafür vor. Sie werden gepflanzt, sobald sie eintreffen, vorausgesetzt der Boden ist nicht gefroren.

Entfernen Sie gegebenenfalls Netze über Pflanzen, um Schäden zu vermeiden, falls Schnee fällt.

Unbeheizte Gewächshäuser werden mit Luftpolsterfolie isoliert. Prüfen Sie die Pflanzen darin regelmäßig auf Schädlinge und Krankheiten.

Dünnen Sie *Pflaumen im Sommer so aus, dass sich die reifen Früchte später nicht berühren.*

Frostempfindliche Pflanzen *und Töpfe werden den Winter über in Sackleinen gewickelt.*

Äpfel auf der Terrasse

Es lohnt sich, Äpfel selbst zu kultivieren, denn bei den vielen Hundert Sorten in den verschiedensten Formen, Größen, Farben und Geschmacksrichtungen ist für jeden etwas dabei. Etliche beliebte Züchtungen werden auf schwache Unterlagen veredelt und tragen normal große Früchte an kleinen Pflanzen.

Pflanze
Malus 'Fiesta'

Höhe und Breite
H 1,8 m, B 1 m

Standort
Volle Sonne

Härte
Winterhart

Erntezeit
Spätsommer bis Herbst

Topfgröße
45 cm

Topfmaterial
Ton, Stein, hoch belastbarer Kunststoff

Substrat
Tonhaltige, nährstoffreiche Blumenerde

Kaum jemand hat im Garten Platz für einen Apfelhain. Das heißt aber nicht, dass man sich dieses Obst nicht selbst ziehen kann. Man bekommt durchaus kleine Bäume für große Töpfe, die in einem sonnigen, geschützten Hof prächtig gedeihen, solange sie nicht in einer Frostsenke oder einer Windschneise stehen. Äpfel blühen meist im späten Frühjahr und werden von Insekten bestäubt, die bei starken Böen nicht landen können.

Wie hoch und breit ein Apfelbaum wird, hängt von seiner Unterlage ab. Wächst er unveredelt, wird er zu groß oder liefert wenig Ertrag. Daher veredelt man Äpfel auf eine Unterlage, die für Wachstum und Größe verantwortlich ist. Für die Topfkultur geeignete Unterlagen sind 'M26', die 2,5–3 m hohe Bäume hervorbringt, oder 'M9' für etwas kleinere Gehölze. Um gute Bestäubung zu gewährleisten, zieht man mehrere Exemplare in Töpfen oder kauft einen Baum, auf dessen Unterlage mehrere Sorten veredelt wurden.

ERTRAGSSTEIGERUNG

Gießen Sie während des Wachstums regelmäßig und geben Sie im März einen Langzeitdünger. Mit einem Schnitt im Winter bewahrt man die Kronenform und dünnt verdichteten Wuchs aus. Stehen in einem Bündel zu viele Äpfel, bleiben sie klein, weil sie nicht genug Platz zum Wachsen haben. Der Baum wirft zwar von selbst einige Früchte ab, doch kann man durch Ausdünnen etwas nachhelfen. Dabei wird der große mittlere, minderwertige Apfel im Bündel ebenso entfernt wie kranke und missgebildete Exemplare.

Mitte: ***Die Sorte 'Fiesta'*** *wird häufig auf schwachwüchsigen Unterlagen angeboten und trägt im Herbst süße Äpfel. Kaufen Sie Äpfelbäume von Spezialbaumschulen, wo Sie das Wichtigste über Bestäubungsgruppen, Topfkultur und die verschiedenen Unterlagen erfahren.*

TIPP: ÄPFEL LAGERN

Äpfel ernten, sobald sie sich mit einer Drehung vom Zweig lösen lassen. In Küchenpapier wickeln und einlagig in einer Holzkiste deponieren oder ohne Hülle in Plastikschalen mit Gitter legen, sodass sie sich nicht berühren. In einer frostfreien Garage oder einem Schuppen lagern. Mitunter auf Fäulnis prüfen.

Empfehlenswerte Sorten

'Discovery' *öffnet im Frühjahr Büschel aus hübschen weißen Blüten. Aus ihnen entwickeln sich mittelgroße, rotschalige, knackige und saftige Äpfel, die meist zum Sommerende oder Herbstbeginn erntereif sind.*

'Red Falstaff' *trägt dekorative runde Äpfel, die um die Herbstmitte reifen. Die für ihren hervorragenden Geschmack bekannten, knackigen Früchte halten sehr lange, man kann sie mitunter sogar noch im Frühjahr genießen.*

'Egremont Russet' *ist eine sehr beliebte Sorte mit leicht rauer, braungelber Schale, süßem nussigem Geschmack und cremigem Fleisch. Man erntet sie im Frühherbst. Die Äpfel halten bei guter Lagerung bis weit in den Winter hinein.*

'Pixie' *liefert mittelgroße, süße Äpfel mit grünlich gelber, rot überlaufener Schale an kleinen Bäumen mit sehr hohem Ertrag. Sie sehen sehr dekorativ aus. Man pflückt sie zur Herbstmitte von den Bäumen.*

'Improved Ashmead's Kernel' *ist eine Traditionssorte mit aromatischen Äpfeln, die eine blassgelbe Schale tragen und nach Birnendrops schmecken. Die süßen, saftigen Früchte verzehrt man roh oder gekocht. Sie reifen im Herbst.*

'Ellison's Orange' *wird von vielen Gärtnereien auf einer schwachen Unterlage verkauft. Die alte Sorte trägt grüngelbe, rot überlaufene Äpfel mit knackigem, saftigem Fleisch und leichtem Anisgeschmack. Erntezeit ist der Frühherbst.*

Birnen in Töpfen

Moderne, schwach wachsende Unterlagen haben es möglich gemacht: Durch sie wurde selbst der wüchsigste aller Obstbäume, die Birne, topfkompatibel. Birnen sind so leicht zu kultivieren wie Äpfel und brauchen lediglich ein Quäntchen mehr Wärme, Sonne und Schutz vor Frost und Wind. Wenn diese Voraussetzungen aber stimmen, dann belohnt der Baum Sie mit einem überreichen Segen himmlisch süßer Früchte.

Pflanze
Birne 'Terrace Pearl'

Höhe und Breite
H 1,2 m, B 1 m

Standort
Volle Sonne

Härte
Winterhart

Erntezeit
Spätsommer bis Herbst

Topfgröße
Mindestens 45 cm

Topfmaterial
Kunststoff, Ton, Stein

Substrat
Tonhaltige, nährstoffreiche Blumenerde

Manche Zwergformen schaffen es gerade mal auf Hüfthöhe und tragen doch im Frühjahr Unmengen schaumig weißer Blüten, aus denen später viele köstliche Birnen reifen. Zu den kleinsten Sorten überhaupt gehört 'Terrace Pearl'. Den Wuchs größerer Züchtungen kann man begrenzen, indem man sie als Kordon, Spalier oder Fächer zieht. Eine weitere Möglichkeit sind Duo-Birnen mit zwei Sorten an kurzen Fruchtspießen direkt am Stamm statt an ausladenden Zweigen.

Pflanzen Sie Birnen in große Gefäße mit tonhaltiger Erde und gießen Sie regelmäßig. Im Frühjahr brauchen die Gehölze einen Langzeit-Volldünger. Wildtriebe werden am Ansatz entfernt.

AUSDÜNNEN

Birnen werfen einige heranreifende Früchte selbst ab, müssen aber trotzdem noch ausgedünnt werden. Im Sommer entfernt man deformierte und verletzte Exemplare, damit die verbleibenden mehr Platz haben. Geerntet wird im September und Oktober durch leichtes Drehen der Früchte.

Die Zwergsorte *'Terrace Pearl' hüllt sich in weiße Blüten und trägt für einen so winzigen Baum erstaunlich viele Früchte.*

TIPP: SCHNITT

Regen Sie die Bäume durch Schnitt zu reicherem Fruchtansatz an. Dazu im Sommer Seitenzweige auf 5–6 Blätter zurückschneiden, sodass 5–6 Blätter vom diesjährigen Wuchs bleiben. Seitentriebe von diesen Zweigen auf 3 Blätter über dem dicht gedrängten Blattbündel am Ansatz und neue Seitentriebe auf ein Blatt über dem Blattbündel zurückschneiden. Im Winter in Form bringen.

Empfehlenswerte Sorten für Töpfe

__'Concorde'__ ist eine reich fruchtende, für ihre schlanken, aber saftigen und weichschaligen Früchte bekannte Birne.

__'Doyenné du Comice'__ trägt im Hochsommer große Früchte mit rauer gelbgrüner Schale und braucht es warm.

__'Humbug'__ hat grün, gelb und rosa gestreifte, tränenförmige Früchte, die sehr süß und saftig sind.

__'Williams' Bon Chrétien'__ liefert zum Herbstanfang große blassgrüne Früchte mit köstlichem Geschmack.

__Birnen in Kübeln__ brauchen tonhaltiges Substrat, das oft als Einheitserde Typ T im Handel ist. Man düngt sie im Frühjahr mit Langzeitdünger und wässert sie regelmäßig.

BAUMOBST

Sommerliche Genüsse

Wegen ihrer Größe konnten Kirschen und Pflaumen früher nur als Baumobst auf größeren Flächen gezogen werden. Heute aber sind beide auf schwachwüchsigen Unterlagen erhältlich. Man postiert die beliebten Obstgehölze an einem warmen, sonnigen, geschützten Standort und genießt im Frühjahr ihre üppige Blütenpracht, auf die in der zweiten Sommerhälfte ein reicher Ertrag an süßen, saftigen Früchten folgt.

Kirschen

Pflanze
Zwergkirsche

Höhe und Breite
H 2,5 m, B 1 m

Standort
Volle Sonne

Härte
Winterhart

Erntezeit
Sommer

Topfgröße
Mindestens 45 cm

Topfmaterial
Ton, Kunststoff, glasierte Keramik

Substrat
Tonhaltige, nährstoffreiche Blumenerde

Mit ihrem herrlichen Blütenkleid im Frühjahr und den glänzenden Früchten im Sommer sind Kirschen ein begehrter Schmuck für Gärten, Höfe und Terrassen. Man bekommt sie als frei stehenden Busch oder als platzsparende Säule, die ihre Früchte an kurzen Spießen an einem aufrechten Stamm und nicht an ausladenden Ästen trägt. Außerdem kann man sie als Spalier ziehen.

Sie brauchen große Kübel mit tonhaltiger Erde und einen sonnigen, geschützten Standort. Weil sie schon im zeitigen Frühjahr blühen, sind sie anfällig für Frostschäden, weshalb man sie notfalls nach drinnen bringt oder einwickelt.

PFLEGE

Gießen Sie die Bäume gut, vor allem wenn die Früchte reifen, aber auch bei Trockenheit. Im späten Frühjahr düngt man sie, indem man die oberste Erdschicht entfernt und durch frisches, mit Langzeitdünger angereichertes Substrat ersetzt. Stellen Sie den Kübel auf Füße, um den Wasserabzug zu verbessern. Reifende Früchte schützt man mit einem Netz vor hungrigen Vögeln.

TIPP: SORTENAUSWAHL

Die Topfkultur von Kirschen ist erst seit Kurzem möglich. Alte Sorten waren zu wüchsig und ließen ihre Wurzeln nicht in ein Gefäß sperren, aber selbstbestäubende Formen auf modernen Unterlagen wie Gisela 5 bleiben klein. Zu den empfehlenswertesten Kirschenzüchtungen gehören 'Sunburst', 'Crown Morello' und 'Stella' (*links*).

Moderne Kirschensorten *gedeihen frohgemut in Töpfen und liefern trotz der beengten Verhältnisse eine gute Ernte.*

Pflaumen

Pflanze
Pflaume 'Stanley'

Höhe und Breite
H 2,2 m, B 1 m

Standort
Volle Sonne

Härte
Winterhart

Erntezeit
Spätsommer

Topfgröße
Mindestens 45 cm

Topfmaterial
Kunststoff, Ton, glasierte Keramik

Substrat
Tonhaltige, nährstoffreiche Blumenerde

Pflaumenbäume gab es früher nur in großen Nutzgärten, wo sie als reife, ausladende Exemplare viel Platz in Anspruch nahmen. Die Früchte sind von einem stattlichen Baum allerdings schwer zu ernten und lassen sich kaum vor gierigen Vogelschnäbeln schützen, weshalb man sie wie Kirschen mit Netzen schützen sollte, um auch etwas vom Ertrag abzubekommen. Moderne Zwergsorten sind da schon wesentlich gartenfreundlicher: Man bekommt Pflaumen inzwischen als kleine Spindeln, Säulenobst oder Spaliergehölze für die Kultur vor Mauern und Zäunen.

Damit die Bäume möglichst reich tragen, stellt man sie an einen sonnigen Platz und gießt sie regelmäßig, sodass der Ballen nie austrocknet, vor allem während die Früchte heranreifen. Im Spätwinter gibt man ein Düngergranulat und schützt sie vor strengem Frost (*mehr dazu auf der Seite gegenüber unter Kirschen*). Weil Pflaumenbäume sehr ertragreich sind, prüft man die Äste immer wieder, damit sie nicht unter der Last brechen. Bei Bedarf müssen sie mit Latten oder Seilen gestützt werden.

UNTERLAGEN

Es sind drei geeignete Unterlagen erhältlich: die mittelstark wüchsige, etwa 2,2 m hohe 'Pixy', die neue Züchtung 'VVA1' für rund 2,5 m hohe Exemplare und 'Saint Julien', die 2,7 m hoch aufragt.

Die Pflaume 'Stanley' *ist ein selbstbefruchtender Baum mit Unmengen an Blüten und tiefblauen Pflaumen.*

BAUMOBST

PFLAUMEN: EMPFEHLENSWERTE SORTEN

'Victoria' *ist eine beliebte alte, um 1840 entstandene Sorte. Der selbstbefruchtende Baum trägt im Spätsommer Unmengen süßer, saftiger roter Pflaumen.*

'Warwickshire Drooper' *zeichnet sich durch attraktiven hängenden Wuchs aus. Die gelben süßen Früchte hängen im Frühherbst in Kaskaden an den Ästen. Selbstbefruchtend.*

'Marjorie's Seedling' *ist widerstandsfähig gegenüber Krankheiten und teilweise selbstbefruchtend. Die süßen blauvioletten Früchte sind im Spätsommer erntereif.*

'Giant Prune' *heißt eine amerikanische Traditionssorte mit sehr süßen ovalen Früchten, die im Frühherbst reifen. Ziemlich widerstandsfähig gegen Krankheiten und Frost.*

Südliche Sonnenanbeter

Holen Sie sich Urlaubsstimmung nach Hause – mit einem Feigen- oder Olivenbaum in Ihrem Hof oder auf der Terrasse. Die Gehölze beschwören mediterrane Landschaften herauf und fruchten in unseren Breiten sogar, sofern man sich ein bisschen Zeit für sie nimmt. Und selbst wenn Sie nichts ernten können, so lohnt sich die Kultur doch wegen des dekorativen Laubs und der eleganten Wuchsform.

Feigen

Pflanze
Ficus carica 'Brown Turkey'

Standort
Volle Sonne

Härte
Verträgt Frost bis -15 °C

Erntezeit
Sommer

Topfgröße
45 cm

Topfmaterial
Ton, Stein

Substrat
Tonhaltige, nährstoffreiche Blumenerde

Feigen werden zwar in erster Linie wegen ihrer Früchte kultiviert, doch sind sie mit ihrem großen, tief gelappten Laub nicht nur reine Nutzpflanzen. Sie gedeihen in großen Kübeln prächtig und wenn man sie relativ klein hält, setzen sie umso mehr Früchte an. Zudem sind kompaktere Exemplare einfacher zu schneiden.

Feigenbäume kauft man im Frühjahr und setzt sie in große Gefäße mit tonhaltiger Erde. Man muss sie regelmäßig gießen und während der Entwicklung der Früchte mithilfe von Tomatendünger das Wachstum in Gang halten. Ende März verabreicht man einen Langzeitdünger, der in das Substrat eingearbeitet wird.

ERNTESAISON

Feigen erscheinen im zeitigen Frühjahr als erbsengroße runde Kügelchen. Sie schwellen im Frühjahr und Sommer und können in der Regel im Spätsommer geerntet werden. In etwa zu dieser Zeit erscheint eine zweite Charge, die in warmen Ländern groß und saftig wird, bei uns aber nur mit viel Pflege reift.

TIPP: FEIGEN ÜBERWINTERN

Junge, im Sommer gebildete Früchte reifen in kühlerem Klima im Freiland nicht aus. Man stellt den Topf daher in ein Gewächshaus oder einen kühlen Wintergarten, wo sie sich weiterentwickeln. Wer drinnen nicht genug Platz hat, zupft alle unreifen Früchte ab, damit sie nicht im Winter faulen und die ganze Pflanze infizieren.

Die beliebte Sorte 'Brown Turkey' *wächst und fruchtet gut in großen Kübeln an sonnigen, geschützten Plätzen.*

Oliven

Pflanze
Olea europaea

Höhe und Breite
Oliven sind in vielen Größen erhältlich. Ein Halbstamm hat etwa die Maße H 2 m, B 60 cm

Standort
Volle Sonne

Härte
Manche Formen vertragen bis -10 °C

Erntezeit
Herbst

Topfgröße
30 cm oder mehr

Topfmaterial
Ton, Stein, rechteckiger Holzkübel

Substrat
Tonhaltige, nährstoffreiche Blumenerde

Oliven genießen geschützte Standorte mit viel Sonne und vertragen Trockenheit. Man setzt sie in einen dekorativen Topf und freut sich über ihr silbrig glänzendes Laub, die winzigen weißen, oft duftenden Blüten und die hübschen Früchte. Während der Wachstumsperiode gießt man gut, stellt das Gefäß aber auf Füße, damit überschüssiges Wasser ablaufen kann. Eine monatliche Nährstoffgabe in Form eines Flüssigvolldüngers fördert den Fruchtansatz. Mit einem Schnitt im Hochsommer wahren Sie die Form des Gehölzes. Tote oder kranke Zweige werden entfernt.

PFLEGE IM WINTER

Viele Oliven vertragen Minustemperaturen, leiden aber bei strengem Frost. Man bringt sie bei großer Kälte nach drinnen oder wickelt die Krone gut ein. Unter Glas wird weniger gegossen.

TIPP: OLIVEN GENIESSBAR MACHEN

Oliven können nicht direkt vom Baum gegessen werden, weil sie frisch zu hart und bitter sind. Man muss sie vorher behandeln, indem man sie entweder mehrere Wochen lang in trockenes Salz einlegt, einige Tage lang in Salzlake badet oder ein paar Monate in Öl legt. Spezialgärtnereien wissen meist, welche Methode sich für welche Sorte am besten eignet.

Schneiden Sie Oliven *im Sommer, damit die Wunden bis zur Ruhezeit im Winter heilen können.*

FEIGEN & OLIVEN

Johannisbeeren

Die leicht zu ziehenden Beeren sind Vitaminbomben und schmecken in Süßspeisen, Obstkuchen und Saucen oder zu Säften verarbeitet himmlisch. Sie eignen sich für Gartenneulinge ebenso wie für erfahrene Hobbygärtner. Die leuchtenden, säuerlichen Weißen und Roten Johannisbeeren leuchten im Frühsommer auf Terrassen. Neue Züchtungen der Schwarzen Johannisbeere wiederum liefern große süße, saftige Beeren an unverwüstlichen Büschen.

Rote Johannisbeeren

Pflanze
Rote Johannisbeere 'Rovada'

Höhe und Breite
H bis 2 m, B 60 cm

Standort
Sonne oder Halbschatten

Härte
Winterhart

Erntezeit
Sommer

Topfgröße
Mindestens 30 cm

Topfmaterial
Ton, Stein, Kunststoff

Substrat
Tonhaltige Erde

Obwohl Rote und Schwarze Johannisbeeren eng miteinander verwandt sind, zieht man die roten Vertreter eher wie Stachelbeeren. Die Pflanzen kühlerer Klimate gedeihen hierzulande problemlos und vertragen Halbschatten, doch reifen die Beeren in der vollen Sonne schneller und werden auch süßer. Im Topf gezogene Büsche und fertig erzogene Spaliere kann man ganzjährig erstehen, die beste Pflanzzeit aber ist der Frühherbst. Setzen Sie Rote Johannisbeeren nicht an windige Standorte und in Frostlöcher.

TOPFKULTUR

Rote Johannisbeeren gedeihen in Universalerde mit etwas Ton- oder Lehmzusatz. Man wässert gut, vermeidet aber Staunässe – am besten, indem man die Gefäße auf Füße stellt.

Halten Sie Ausschau nach den Larven der Stachelbeer-Blattwespe, die die Pflanze kahlfressen können. Bei einem Befall sammelt man die Schädlinge mit der Hand ab oder bringt ein Insektizid aus. Gedüngt und geschnitten wird wie bei Weißen Johannisbeeren (*siehe Seite gegenüber*).

TIPP: SORTENAUSWAHL

Es gibt eine Reihe neuer Züchtungen der Roten Johannisbeere, die in Gefäßen besonders gut gedeihen: 'Stanza' ist eine spät blühende Form und bietet sich für spätfrostgefährdete Gebiete an. 'Junifer' fruchtet sehr früh und reichlich. 'Rovada' und 'Red Lake' sind beide wenig krankheitsanfällig und liefern Unmengen an Beeren.

Die Rote Johannisbeere 'Rovada' *trägt reichlich. Wenn sich die Beeren entwickeln, stellt man sie an einen sonnigen Platz.*

Schwarze Johannisbeeren

Pflanze
Schwarze Johannisbeere 'Ben Lomond'

Höhe und Breite
H 1,2 m, B 1 m

Standort
Sonne oder Halbschatten

Härte
Winterhart

Erntezeit
Sommer

Topfgröße
Mindestens 45 cm

Topfmaterial
Ton, Stein, Kunststoff

Substrat
Universalerde

Schwarze Johannisbeeren sind robust, relativ pflegeleicht und fruchten zuverlässig. Neue Sorten mit 'Ben' im Namen tragen große Beeren, die man frisch wie gekocht genießen kann. Man pflanzt sie in große Kübel mit Universalerde und stellt sie an einen windgeschützten Platz. Setzen Sie die Büsche etwas tiefer, als die Bodenmarke am Stamm andeutet – das regt die Pflanze zur Bildung unterirdischer Triebe an. Gedüngt werden sie wie Weiße Johannisbeeren (*siehe unten*).

SCHNITT

Nach dem Pflanzen im Frühjahr schneidet man die Zweige bis auf eine Knospe zurück; der Neuaustrieb trägt im darauffolgenden Sommer die Früchte. Alte Fruchttriebe stutzt man jährlich im Spätwinter auf eine Knospe zurück. Töpfe bei Frost schützen.

Die Sorte 'Ben Lomond' trägt große Beeren.

Weiße Johannisbeeren

Pflanze
Weiße Johannisbeere 'Blanka'

Höhe und Breite
H 1,5 m, B 60 cm

Standort
Sonne oder Halbschatten

Härte
Winterhart

Erntezeit
Sommer

Topfgröße
Mindestens 30 cm

Topfmaterial
Ton, Stein, Kunststoff

Substrat
Universalerde oder tonhaltige Erde

Die Weiße Johannisbeere 'Blanka' bringt süße Früchte.

Weiße Johannisbeeren schmecken süßer als ihre roten Vettern und fruchten auch in nördlichen Breiten. Empfehlenswert sind vor allem die Sorten 'Blanka' und 'Versailles Blanche'. Sie wurzeln wie die Roten Johannisbeeren flach und gedeihen in großen Töpfen. Man stellt ihre Gefäße aber auf Füße, um die Dränage zu verbessern. Bei Trockenheit muss regelmäßig gegossen werden, damit die Erde nicht austrocknet.

Im Spätwinter kratzt man die oberste Substratschicht ab und ersetzt sie durch frische Erde mit Langzeitdünger. Nach dem Düngen wird gegossen, gedüngt und ein Mulch aus gut verrottetem Stallmist auf den Ballen gestreut, der Flüssigkeit speichern hilft und Unkräuter unterdrückt.

SCHNITT

Ein Schnitt erfolgt im Spätwinter oder zeitigem Frühjahr. Entfernen Sie ein Viertel der alten Triebe bis zum Ansatz. Die restlichen werden um die Hälfte bis zu einer nach außen zeigenden Knospe, Seitentriebe bis auf eine Knospe gekürzt.

Saurer Segen

Die Stängel des Rhabarbers und die dicken, saftigen Früchte der Stachelbeere sind, mit Zucker gesüßt und zu Obstkuchen, Tartes oder Süßspeisen verarbeitet, ein erfrischender Sommergenuss. Beide Pflanzen liefern Jahr für Jahr verlässlich Gutes, ohne große Ansprüche zu stellen. Sie schmecken nicht nur köstlich, sondern punkten auch noch mit ihrem Zierwert, besonders in Töpfen auf Pflasterflächen.

Rhabarber

Pflanze
Rhabarber 'Timperley Early'

Höhe und Breite
H und B 45 cm

Standort
Sonne oder Halbschatten

Härte
Winterhart

Erntezeit
Frühjahr bis Sommer; Spätwinter, falls vorgetrieben

Topfgröße
45 cm und größer

Topfmaterial
Stein, Ton, Kunststoff, glasierte Keramik

Substrat
Tonhaltige, nährstoffreiche Blumenerde

Dank der riesigen Blätter bringt Rhabarber eine bizarre Note in Höfe, Gärten und auf Terrassen. Die rosa, roten oder grünlichen Blattstiele schmecken gekocht köstlich und werden bevorzugt für Obstkuchen verwendet. Rhabarber fühlt sich in der vollen Sonne wohl, verträgt aber auch Halbschatten. Um zu gedeihen, braucht er einen großen Topf und viel Wasser. Kaufen Sie Jungpflanzen im Frühjahr und topfen Sie sie in immer größere Gefäße um, bis sie ihre endgültige Größe erreichen. Werden sie zu groß für ihren Standort, entfernt man ein, zwei äußere Blätter. Rhabarber wird meist im Frühjahr geschnitten, doch kann man durch ein Vortreiben schon früher ernten. Wenn die Pflanze im Herbst einzieht, entfernt man alten Wuchs.

TREIBEREI

Legen Sie im Spätwinter Stroh über die ruhenden Pflanzen und decken Sie sie mit einem Rhabarbertopf oder Eimer ab, damit sie kein Licht mehr bekommen. Die Triebe bilden sich im Dunkeln und sind nach vier Wochen erntereif.

TIPP: ERNTE

Rhabarberstängel sollten nicht mit dem Messer geschnitten werden, denn über die Wunde können Krankheitserreger in die Pflanze eindringen. Stattdessen nimmt man den Stiel am Ansatz und zieht ihn aus der Erde oder dreht ihn behutsam ab, ohne ihn zu zerbrechen. Geerntet werden die Stängel vom Frühjahr bis Ende Juni.

__Rhabarber__ muss nach und nach in immer größere Töpfe umziehen, bis er mehr oder weniger seine endgültige Größe erreicht hat. Im ersten Jahr lässt man die Stangen noch stehen.

Stachelbeeren

Pflanze
Stachelbeere 'Hinnonmäki Röd'

Höhe und Breite
H und B bis 1 m

Standort
Sonne oder Halbschatten

Härte
Winterhart

Ernte
Sommer

Topfgröße
45 cm

Topfmaterial
Stein, Ton, Kunststoff, glasierte Keramik

Substrat
Tonhaltige, nährstoffreiche Blumenerde

Vergessen Sie die sauren Beeren aus dem Supermarkt – selbst gezogene Stachelbeeren sind erstaunlich süß, haben eine zarte Schale und zergehen fast auf der Zunge. Die Pflanzen fruchten im Frühsommer und wachsen meist als Büsche im Freiland, doch kann man sie problemlos als Halbstamm im großen Topf erziehen. So nehmen sie nicht nur weniger Platz weg, sondern lassen am Stammansatz auch noch Platz für weitere Nutzpflanzen wie z.B. Kräuter.

GANZJÄHRIGE PFLEGE

Topfpflanzen können ganzjährig gekauft werden, zu einem optimalen Start aber verhilft man ihnen, wenn man sie im Herbst setzt. Sie kommen in ein mit tonhaltiger Erde gefülltes, standfestes Gefäß, das nicht so schnell umfällt. Hochstämme müssen eventuell gestützt werden.

Stachelbeeren werden regelmäßig gewässert, da bei Trockenheit die Beeren platzen. Arbeiten Sie im März oder April einen Langzeitdünger in die oberste Substratschicht ein. Droht während der Blüte Frost, deckt man die Gehölze mit Vlies ab. Halbstämme bilden oft am Ansatz Wildtriebe – sie werden abgezupft oder bis unter die Erdoberfläche abgeschnitten. Um reichlich Beeren zu ernten und eine ansehnliche runde Krone zu erhalten, schneidet man nach dem Abernten, indem man Seitentriebe bis auf fünf Blätter stutzt.

Rote Stachelbeeren sehen so gut aus, wie sie schmecken.

EMPFEHLENSWERTE SORTEN

'Invicta' *ist eine sehr beliebte, wüchsige Sorte. Sie trägt in der ersten Sommerhälfte reichlich große, glattschalige Beeren mit gutem Geschmack.*

'Hinnonmäki Gul' *entwickelt wie die Schwestersorte 'Hinnonmäki Röd' (siehe großes Bild) im Frühsommer mehltauresistente, große, süße und aromatische Beeren.*

'Xenia' *hängt voller großer, rotschaliger Früchte, die im Frühsommer erntereif sind und den Garten um ein dekoratives Element bereichern. Gute Mehltauresistenz.*

'Leveller' *trägt glatte, hellgrüne Früchte, die zu den süßesten Stachelbeeren überhaupt gehören. Allerdings ist die Sorte anfällig für Mehltau und eher schwachwüchsig.*

Saftige Beeren

Die großen Früchte von Brombeeren, Taybeeren und Loganbeeren schmecken nach Sommer. Viele Auslesen sind für Töpfe zu wüchsig, in den letzten Jahren kamen jedoch einige neue Sorten auf den Markt, die auch mit beengten Verhältnissen gut zurechtkommen. Sie stellen ganz ähnliche Ansprüche an die Kulturbedingungen und bei wenig Aufwand lassen sich Unmengen von Früchten ernten.

Brombeeren

Pflanze
Brombeere 'Loch Maree'

Höhe und Breite
H 1,8 m, B 1 m

Standort
Sonne oder Halbschatten

Härte
Winterhart

Erntezeit
Sommer bis Frühherbst

Topfgröße
30 cm und mehr

Topfmaterial
Ton, Stein, Kunststoff

Substrat
Tonhaltige, nährstoffreiche Blumenerde

Brombeeren sind oft widerspenstige Gartenrowdys, die sich nur mit horizontal gespannten Drähten zähmen lassen. Einige aber benehmen sich so artig, dass man sie ohne Probleme im Topf ziehen kann. Dazu zählt die Form 'Loch Maree', die sich durch gefüllte rosa Blüten und süße saftige Beeren auszeichnet. 'Loch Ness' heißt eine Sorte mit einfachen weißen Blüten. Beide Züchtungen tragen keine Stacheln.

Man pflanzt Brombeeren in einen großen Topf und stellt sie an einen sonnigen Platz, wenngleich sie auch halbschattige Bedingungen vertragen. Stützen Sie die biegsamen Ruten mit Stäben und wässern Sie gut, vor allem bei Trockenheit. Weil die Pflanzen Staunässe nicht vertragen, stellt man ihre Gefäße auf Füße.

SCHNITT

Nach dem Pflanzen bindet man die Triebe an, um sie im Zaum zu halten. Im ersten Winter schneidet man Seitentriebe an den Hauptruten auf 5 cm zurück. Danach werden alte Ruten, die gerade gefruchtet haben, im Winter ganz entfernt.

TIPP: DÜNGEN

Brombeeren gedeihen gut, wenn man sie im Frühjahr düngt, sobald sie austreiben. Für einen optimalen Start in die Wachstumszeit gibt man ein Düngergranulat in der vom Hersteller empfohlenen Dosis in das Topfsubstrat. In den folgenden Jahren verabreicht man immer im Frühjahr einen Langzeitdünger.

***Die Brombeere 'Loch Maree'** ist eine stachellose Sorte, die speziell für große Töpfe und kleine Gärten gezüchtet wurde.*

Taybeeren

Pflanze
Taybeere

Höhe und Breite
H 1,8 m, B 1 m

Standort
Volle Sonne

Härte
Winterhart

Erntezeit
Sommer

Topfgröße
45 cm

Topfmaterial
Kunststoff, Ton

Substrat
Tonhaltige, nährstoffreiche Blumenerde

Taybeeren schmecken zwar wie Brombeeren und werden auch ähnlich kultiviert, sehen aber eher wie Himbeeren aus. Die 5 cm langen, süßen, aromatischen Früchte erscheinen Ende Juni in dichten Büscheln. Früher war die Topfkultur mit Risiko behaftet, weil Taybeeren mit tückischen Stacheln bewehrt waren, inzwischen aber sind stachellose Züchtungen wie 'Buckingham' erhältlich. Daher lassen sich diese schönen Beeren nun ganz unproblematisch auf einer Pflasterfläche bzw. Terrasse ziehen.

KULTUR

Stecken Sie ein Rankgitter in das Gefäß oder ziehen Sie die Triebe an Drähten vor einer Wand. Während des Wachstums muss großzügig gegossen werden, ebenso wichtig aber ist ein guter Wasserabzug, weshalb man die Töpfe im Winter auf Füße stellt. Geschnitten werden die Pflanzen wie Brombeeren.

Die Taybeere 'Buckingham' trägt keine Stacheln.

Loganbeeren

Pflanze
Loganbeere

Höhe und Breite
H 1,8 m, B 1 m

Standort
Volle Sonne

Härte
Nicht zuverlässig winterhart

Erntezeit
Spätsommer bis Frühherbst

Topfgröße
45 cm

Topfmaterial
Kunststoff, Ton

Substrat
Tonhaltige, nährstoffreiche Blumenerde

Für Töpfe eignen sich schwachwüchsige Sorten.

Loganbeeren sind eine Kreuzung zwischen Himbeere und Brombeere. Die Pflanzen setzen lange dunkelrote Früchte an, die in der Regel um den Herbstbeginn reif werden. Stachellose Sorten fruchten reich, wenn man sie in großen Töpfen zieht. Weil aber manche ziemlich wuchern, entscheidet man sich am besten für eine langsamer wachsende Form wie 'Ly 654'. Abgesehen von ihren köstlichen Beeren haben die Pflanzen einen weiteren Vorzug: Sie locken mit ihren nektarreichen weißen Blüten zahlreiche Bienen und Schmetterlinge an.

PFLEGE

Stellen Sie den Topf an einen sonnigen, offenen, windgeschützten Platz. Für eine gute Ernte muss man im Sommer regelmäßig gießen und im Frühjahr einen Langzeitdünger geben.

Loganbeeren werden wie Taybeeren an einer kräftigen Stütze gezogen (*siehe oben*). Nach dem Abernten im Herbst schneidet man alle Ruten, die Früchte trugen, bis zum Boden zurück.

Ein Topf voll Erdbeeren

Nichts lässt sich mit dem Geschmack frischer, sonnengereifter Erdbeeren vergleichen. Man zieht das Beerenobst am besten in Töpfen oder Körben und kombiniert früh und spät tragende Sorten – oder gleich Monatserdbeeren, die den ganzen Sommer lang kontinuierlich köstliche Früchte ansetzen.

SOMMERBEEREN

Pflanze
Monatserdbeere

Höhe und Breite
H 15 cm, B 30 cm

Standort
Volle Sonne

Härte
Winterhart

Erntezeit
Vom Sommer bis zum Frühherbst

Topfgröße
30 cm großer Hängekorb bzw. Blumenampel

Topfmaterial
Große Körbe

Substrat
Universalerde mit etwas Zusatz von Ton oder Lehm

Die Kultur von Erdbeeren in Hängekörben hat mehrere Vorteile: Die Früchte wachsen nicht nur auf Augenhöhe, was das Pflücken erleichtert, sie sind auch außerhalb der Reichweite vieler Schädlinge und faulen normalerweise nicht, da sie keinen direkten Bodenkontakt haben. Die Auswahl an Erdbeersorten ist so groß, dass man sie nach ihrer Reifezeit in zwei Gruppen einteilt. Die meisten werden als einmaltragende Formen eingestuft und fruchten in der Regel ein einziges Mal reichlich. Die zweite Gruppe der Monatserdbeeren lässt den ganzen Sommer bis in den Herbst hinein immer neue Früchte heranreifen.

Erdbeeren werden meist im Herbst oder Frühjahr gepflanzt. Im Frühjahr setzt man sie in Töpfe mit tonhaltigem Substrat und stellt sie an einen sonnigen, geschützten Standort. Im Herbst werden die Töpfe genauso bepflanzt, aber bis zum Frühjahr an einen kühlen, frostfreien Platz gestellt. Erdbeeren brauchen viel Wasser und wöchentlich etwas Tomatendünger. Mit Netzen schützt man sie vor naschhaften Vögeln.

ÜBERWINTERN

Monatserdbeeren sind nach der Ernte am Ende und werden am besten jährlich neu gepflanzt, einmaltragende Sorten dagegen liefern rund vier Jahre lang Köstlichkeiten. Nach dem Abernten schneidet man trockenes und verletztes Laub ab und stellt die Körbe in einen kühlen, hellen Raum oder in ein frostfreies Gewächshaus.

TIPP: WALD-ERDBEEREN IN WANDGEFÄSSEN

Wald-Erdbeeren werden wegen des intensiven Geschmacks der winzigen Beeren geschätzt. Die Pflanzen tragen lange, aber der Ertrag ist naturgemäß begrenzt. Die Ernte fällt etwas höher aus, wenn man mehrere Pflanzen in Balkonkästen oder erhöhten Trögen kultiviert, wo man sie einfach abzupfen kann. Sie gedeihen auch im Streuschatten.

Mitte: ***Bepflanzen Sie einen großen Tontopf*** *mit Monatserdbeeren – und Sie können vom Hochsommer bis zur Herbstmitte ernten.*

Auswahl an Sorten

'Cambridge Favourite' *liefert süße Beeren, die man länger als bei anderen Sorten an der Pflanze lassen kann.*

'Albion' *ist eine gegen Krankheiten widerstandsfähige Monatserdbeere mit leuchtend roten, kegelförmigen Früchten.*

'Mara des Bois', *eine Monatserdbeere, bildet ihre aromatischen, süßen Früchte vom Hochsommer bis zum Herbst.*

'Domanil' *wächst kräftig, trägt viele Blätter und im Hochsommer Unmengen großer dunkler Beeren.*

'Flamenco' *lässt ab Hochsommer viele große süße, saftige Beeren heranreifen und gehört zu den Monatserdbeeren.*

'Elsanta' *erfreut sich mit ihren Unmengen großer orangeroter, schmackhafter Beeren im Hochsommer großer Beliebtheit.*

'Sonata' *trägt reichlich sehr süße, hellrote Beeren mit festem Fleisch. Sie erscheinen zur Sommermitte.*

Wald-Erdbeeren *sind viel kleiner als Gartenerdbeeren, aber unglaublich aromatisch und köstlich süß.*

Erdbeerkörbe bepflanzen

Die Kultur von Erdbeeren in Körben hat einige Vorteile. Die Früchte wachsen auf Kopfhöhe und lassen sich von dort bequem pflücken und naschen. Außerdem sind sie für viele Schädlinge, wie Schnecken, außer Reichweite. Und weil sie nicht direkt auf dem Erdboden aufliegen, faulen sie weniger.

1 Korb in einen Topf stellen, damit er beim Bepflanzen stabil steht. Innen mit Folie auskleiden, die das Substrat hält und Feuchtigkeitsverlust verhindert (*siehe S. 32–33*). In den Boden der Folie Abzugslöcher stechen.

2 Erdbeerkorb zur Hälfte mit einer Mischung aus Universalerde und tonhaltiger Erde füllen. Etwas Langzeitdünger und Wasserspeicher-Granulat (Hydrogel-Perlen) dazumischen.

3 Erdbeerpflänzchen in einen Eimer Wasser tauchen, damit der Wurzelballen sich gut vollsaugen kann. Dann behutsam aus dem Topf holen und die Wurzeln vorsichtig ein wenig lockern.

4 Die Erdbeerstauden gleichmäßig im Korb verteilen und genauso tief pflanzen, wie sie vorher in ihren Einzeltöpfen gestanden haben. Die Oberfläche der Wurzelballen sollte sich 3 cm unter dem Korbrand befinden.

5 Erdbeerkorb bis 3 cm unter den Korbrand mit Substrat auffüllen, sodass beim Gießen kein Wasser herausläuft. Sobald die Beeren reif werden, legt man ein Netz darüber, damit die Vögel nicht an sie herankommen.

6 Korb wässern und Wasser ablaufen lassen, bevor man ihn an einem Haken oder einer anderen Halterung aufhängt. Bei warmer Witterung täglich wässern und etwa alle 2 Wochen Tomatendünger verabreichen.

Hängen Sie den Korb *an einen sonnigen, geschützten Platz – und Sie werden ab Mai mit wunderbar saftigen Beeren belohnt!*

Blaues Wunder
Heidelbeere und Sibirische Blaubeere

Wegen ihres hohen Vitamingehalts werden diese Beeren oft als »Superfood« gepriesen. Sie wachsen an kleinen Sträuchern, die bestens auf einer befestigten Fläche zurechtkommen. Ihre Vorzüge beschränken sich jedoch nicht auf die blauen Beeren: Die Minigehölze haben eine lange Saison, die mit hübschen Blüten beginnt und erst mit feuriger Herbstfärbung endet.

Pflanzen
Heidelbeeren und Sibirische Blaubeere

Höhe und Breite
Heidelbeeren: H und B 1 m; Sibirische Blaubeeren: H und B bis 1,5 m

Standort
Sonne oder Halbschatten

Härte
Winterhart

Erntezeit
Sommer

Topfgröße
45 cm

Topfmaterial
Jedes nicht poröse Material

Substrat
Heidelbeeren: Moorbeeterde; Sibirische Blaubeeren: Einheitserde

HEIDELBEEREN

Die gesunden Beeren passen perfekt in Kleingärten oder Höfe, denn sie bereichern sie gleich um mehrere Facetten: Im Frühjahr tragen sie winzige weiße Blüten, auf die im Sommer blaue Beeren und – bei manchen Sorten – im Herbst scharlachrote Blätter folgen.

Heidelbeeren werden in Töpfen mit saurer Moorbeeterde gezogen und mit Regenwasser gegossen – Leitungswasser sollte nur zur Not verwendet werden, wenn die Regenauffangtonne leer ist. Während des Wachstums versorgt man die Sträucher alle 14 Tage mit einem Spezialdünger für kalkfliehende Pflanzen.

Wählen Sie aus der Vielzahl der Sorten eine Form aus, die klein bleibt. Manche Heidelbeeren sind nicht selbstbestäubend, sodass man zwei Exemplare braucht. In großen Töpfen kann man sie mit Preiselbeeren kombinieren, die ebenfalls saure Erde mögen, und die Erntezeit so bis in den Herbst ausdehnen.

SIBIRISCHE BLAUBEEREN (MAIBEEREN)

Die aus Sibirien stammende Heckenkirschen-Art *Lonicera kamtschatica* hält extreme Kälte aus. Die Pflanzen tragen große Beeren, die wie Heidelbeeren aussehen und schmecken – am besten kultiviert man zwei Exemplare gleichzeitig. Maibeeren gedeihen in tonhaltiger Erde und vertragen Leitungswasser. Im Frühjahr bekommen sie einen Langzeitdünger, nach der Blüte außerdem alle zwei Wochen einen Tomatendünger.

TIPP: EINMACHEN

Sobald die Beeren reif sind, zupft man sie behutsam vom Strauch. Sie schmecken frisch oder gekocht in Süßspeisen am besten. Im Kühlschrank bleiben sie mehrere Wochen lang frisch, müssen allerdings dort flach in einem Behälter ausgebreitet werden, sodass sie nicht übereinanderliegen, denn dadurch könnten die untersten zerdrückt werden und faulen. Wenn übermäßig viel Heidelbeeren reifen, friert man Früchte ein.

Heidelbeeren *brauchen saure Erde. Ist der Gartenboden alkalisch, setzt man sie einfach in Töpfe.*

Empfehlenswert

Die Heidelbeere *'Brigitta'* *trägt intensiv schmeckende Beeren, die zum Sommerende reifen. Man pflanzt sie zu mehreren.*

Die Heidelbeere *'Earliblue'* *bildet einen wüchsigen Busch, der im Hochsommer mit großen saftigen Beeren übersät ist.*

Die Heidelbeere *'Toro'* *trägt im Sommer Massen von Beeren und besticht durch leuchtend rote Herbstfärbung.*

Maibeeren *entwickeln im Frühsommer lange, ovale Beeren mit Heidelbeer- und Honiggeschmack.*

Die köstlichen Beeren *erscheinen im Sommer in Hülle und Fülle, doch schmecken sie leider auch Vögeln. Damit die Früchte nicht plötzlich weg sind, deckt man die Pflanzen mit Netzen ab.*

Himbeerglück

Himbeeren brauchen viel Platz, heißt es. Tatsächlich bestehen Pflanzungen in größeren Gärten meist aus langen Rutenreihen. Sie liefern allerdings meist viel zu viele Beeren, die man gar nicht so schnell verbrauchen kann. Ein paar Ruten im Topf reichen, um den Eigenbedarf zu decken.

Pflanze
Sommerhimbeere 'Octavia'

Standort
Volle Sonne oder Halbschatten

Härte
Winterhart

Erntezeit
Juli bis August

Topfgröße
30 cm

Topfmaterial
Kunststoff, Ton

Substrat
Tonhaltige, nährstoffreiche Blumen- oder Universalerde

Sommerhimbeeren tragen in der zweiten Sommerhälfte, Herbsthimbeeren vom Spätsommer bis in den Herbst hinein. Wer also Sorten beider Gruppen pflanzt, wird lange mit Beeren versorgt. Sommerhimbeeren in Töpfen können an Bambusstäben gezogen werden, Herbsthimbeeren stehen auch ohne Stütze. Sie sind meist wurzelnackt oder mit lose in Substrat gepackten Wurzeln erhältlich.

Im Spätherbst werden bis zu drei Ruten in einen 30-cm-Topf gesetzt, doch kann auch im Winter und zeitigen Frühjahr noch eingepflanzt werden. Ideal ist ein tonhaltiges Substrat, auch hochwertige Universalerde ist gut geeignet. Während des Wachstums gibt man monatlich Nährstoffe in Form eines Flüssigvolldüngers.

WÄSSERN UND SCHNEIDEN

Gießen Sie Ihre Himbeersträucher den Sommer über gut – bei großer Hitze sogar täglich. Allerdings sollten die Ruten selbst nicht nass werden, da sie dadurch Krankheiten bekommen können. Sobald die Beeren reifen, schützt man sie mit einem Drahtkäfig oder Netz vor Vögeln. An Herbstsorten sind Vögel nicht so interessiert, weshalb man diese Sorten oft sogar ohne Schutz kultivieren kann.

Die Ruten von Sommerhimbeeren schneidet man nach dem Abernten bis zum Ansatz zurück. Jüngere Triebe, die im Sommer erscheinen und noch keine Beeren tragen, werden an Drähte gebunden. Behalten Sie aber nur die kräftigsten und binden Sie sie in 10 cm Abstand an; sie tragen im nächsten Jahr. Die Ruten von Herbsthimbeeren werden im Februar bis zum Boden zurückgeschnitten. Werden sie im Sommer zu dicht, dünnt man sie aus.

Mitte: ***Sowohl Sommer- als auch Herbsthimbeeren*** *(hier die Sommersorte 'Octavia') eignen sich für die Topfkultur. Sie liefern gemeinsam vom Hochsommer bis zu den ersten Frösten süß-säuerliche Naschbeeren.*

TIPP: ERNTE

Reif sind Himbeeren, sobald sie – je nach Sorte – rot oder gelb geworden sind. Man kann sie leicht abzupfen. Nicht geerntet werden sollte bei Regen, denn nasse Beeren halten nicht lange. Schauen Sie täglich nach ihnen, damit Sie auch wirklich zum optimalen Zeitpunkt ernten.

Empfehlenswerte Sorten

'Joan J' *ist eine stachelfreie Herbstsorte, die keine Stütze braucht. Sie wächst kompakt und eignet sich für Töpfe. Allerdings muss sie gut gewässert und gedüngt werden.*

'Tulameen' *trägt im Sommer mehrere Wochen lang Beeren und eignet sich besonders für kühle Gegenden.*

'Octavia' *trägt Beeren entlang der Ruten und ist eine der am spätesten fruchtenden Sommersorten.*

'Autumn Bliss' *wächst niedriger als die meisten Sorten und kommt ohne Stütze aus. Sie trägt reichlich bis in den Herbst.*

'Cascade Delight' *ist eine reich tragende Sommerhimbeere mit großen, saftig-schmackhaften Früchten.*

'Polka' *hat besonders große und süße Früchte zu bieten. Sie erscheinen im Herbst bis in den November hinein.*

'All Gold' *liefert im Herbst köstlich süße, gelbe Beeren, die keine Flecken auf den Fingern hinterlassen.*

Saftiges Obst

In süße, saftige Pfirsiche oder Aprikosen zu beißen, die perfekt ausgereift sind, ist eine Offenbarung. Man braucht heutzutage kein beheiztes Gewächshaus mehr, um solche Köstlichkeiten selbst zu ziehen, denn es gibt viele neue Züchtungen, die auch in kühleren Klimazonen gedeihen. Sie werden als frei stehender Baum und als Spaliergehölz vor einer Süd- oder Westmauer kultiviert, wo sie rasch zur Reife gelangen.

Pfirsiche

Pflanze
Zwergpfirsich

Höhe und Breite
H 1,5 m, B 1 m

Standort
Volle Sonne

Härte
Winterhart

Erntezeit
Sommer

Topfgröße
Mindestens 45 cm

Topfmaterial
Beliebig

Substrat
Tonhaltige, nährstoffreiche Blumenerde

Wählen Sie einen Pfirsichbaum auf einer schwachwüchsigen Unterlage (*siehe unten*) und ziehen Sie ihn als frei stehendes Gehölz oder kaufen Sie einen zum Spalier erzogenen Baum für die Kultur an einer Wand. Wurzelnackte Exemplare kann man im Spätherbst oder Frühwinter, solche mit Ballen ganzjährig pflanzen.

Um schnell zu reifen und optimalen Geschmack zu entwickeln, stellt man Pfirsiche an sonnige, geschützte Standorte. Regelmäßiges Wässern und Düngen ist unabdingbar. Im Frühjahr entfernt man die oberste Erdschicht und ersetzt sie durch frisches Substrat mit Langzeitdünger sowie eine Mulchschicht aus Humus. Während der Fruchtbildung brauchen die Pflanzen wöchentlich Tomatendünger. Im März–April schützt man sie vor Regen, um die Kräuselkrankheit zu vermeiden. Blühende Exemplare werden bei Frost abgedeckt.

REICHE ERNTE

Stecken Sie zu Beginn der Blüte die Bürste eines kleinen, weichen Pinsels in jede Blüte. Das fördert die Bestäubung und erhöht den Ertrag.

TIPP: ZWERGUNTERLAGEN

Bäume auf der schwachwüchsigen Unterlage 'Saint Julien A' eignen sich für Gefäße, da sie nur 1,2–1,5 m hoch werden und ein starker Schnitt nicht nötig ist. 'Duke of York' trägt köstliche Früchte mit hellem, saftigem Fleisch. Die alte Sorte 'Peregrine' schmeckt vorzüglich. 'Garden Lady' begeistert mit süßem, saftigem, gelbem Fleisch, 'Bonanza' trägt reichlich. Obstgehölze brauchen zur Bestäubung oft andere Bäume in ihrer Nähe, diese Pfirsiche aber sind selbstbestäubend.

Pfirsiche in Kübeln *tragen oft reichlich. Die Früchte müssen ausgedünnt werden, sonst brechen die Zweige unter der Last.*

Aprikosen

Pflanze
Aprikose

Höhe und Breite
H 1,5 m, B 1 m

Standort
Volle Sonne

Härte
Winterhart

Erntezeit
Sommer

Topfgröße
Mindestens 45 cm

Topfmaterial
Ton, Stein, glasierte Keramik

Substrat
Tonhaltige, nährstoffreiche Blumenerde

Ein warmer, sonniger Innenhof ist der perfekte Lebensraum für dieses saftige Obst. Man zieht die Gehölze als Busch oder, falls es ganz eng wird, als Spalier an einem Gerüst vor einer Süd- bzw. Westmauer.

Aprikosen sind zwar winterhart, weil sie aber früh im Jahr blühen, erfrieren Blüten und Knospen leicht – eine Ernte ist dann nicht mehr möglich. Droht die Quecksilbersäule unter 0 °C zu fallen, wickeln Sie den Baum in Vlies oder bringen Sie ihn nach drinnen. Einige in Nordamerika und Frankreich gezüchtete neue Sorten blühen später.

Wenn die Früchte etwa fingernagelgroß sind, dünnt man sie auf 10 cm Abstand aus. Gießen und düngen Sie regelmäßig und fördern Sie die Bestäubung wie bei Pfirsichen (*siehe Kasten gegenüber*). Die reifenden Früchte schützt man mit Netzen vor Vögeln und Eichhörnchen. Trotz aller Bemühungen braucht man für einen guten Ertrag aber in erster Linie einen langen, heißen Sommer.

UNTERLAGEN

Wie Pfirsiche gibt es auch Aprikosen mit schwachwüchsigen Unterlagen wie 'Saint Julien A' (*siehe gegenüber*). Topfpflanzen sind ferner mit der Unterlage 'Torinel' erhältlich, die als mittelstark wüchsig eingestuft ist und daher etwas höher wird und sehr reich trägt.

Aprikosen brauchen wie Pfirsiche Wärme.

MEDITERRANE FRÜCHTE

EMPFEHLENSWERTE SORTEN

Flavorcot ('Boyoto') *ist eine kanadische Sorte mit sehr hohem Ertrag. Sie trägt große orangerote Früchte mit festem Fleisch und intensivem Geschmack. Selbstbestäubend.*

'Petit Muscat' *liefert Unmengen walnussgroßer gelber und roter Früchte. Sie duften verlockend und schmecken herrlich saftig-süß. Selbstbestäubend.*

'Tomcot' *ist die am frühesten fruchtende Aprikose. Ihre rot überlaufenen, dekorativen Früchte können schon im Hochsommer geerntet werden. Selbstbestäubend und ertragreich.*

'Alfred' *heißt eine Sorte, die große ovale, hübsch rötlich gelb überlaufene Früchte mit saftigem orangefarbenem Fleisch bietet. Selbstbestäubend und wenig krankheitsanfällig.*

Exotische Gewächse

Schon erstaunlich, was man in einem warmen Innenhof alles in Gefäßen kultivieren kann. Wer die mexikanische Küche schätzt, möchte vielleicht selbst Tomatillos ernten, die ein wichtiger Bestandteil der klassischen Salsa verde sind. Gesundheitsbewusste wiederum sparen viel Geld, wenn sie sich mit Goji-Beeren und Apfelbeeren ihr eigenes »Superfood« ziehen. Die beiden sind reich an Antioxidantien, unkompliziert und auch noch hübsch anzusehen.

Tomatillo

Pflanze
Tomatillo 'Toma Verde'

Höhe und Breite
H und B 1 m

Standort
Volle Sonne

Härte
Verträgt keine Temperaturen unter 0 °C

Erntezeit
Spätsommer

Topfgröße
20 cm

Topfmaterial
Kunststoff

Substrat
Tonhaltige, nährstoffreiche Blumenerde

Die mit der Kapstachelbeere verwandten Tomatillos tragen in einer papierartigen Hülle breite Früchte, die aber im Gegensatz zu denen ihrer Cousine grün sind. Die großen gelben Blüten der wüchsigen, frostempfindlichen Gewächse kündigen Spätsommerfrüchte an. Sie kommen in der mexikanischen Küche häufig zum Einsatz.

AUSSAAT

Ausgesät wird im März–April dünn in kleine Töpfe. Sobald die Sämlinge groß genug sind, vereinzelt man sie. Nach dem letzten Frost können sie in einem sonnigen, geschützten Winkel draußen stehen, doch fruchten sie in einem Wintergarten oder Gewächshaus besser. Wie die verwandten Tomaten möchten sie so tief wie möglich gepflanzt werden. Tomatillos sind nicht selbstbefruchtend, brauchen also ein weiteres Exemplar in der Nähe.

Wie bei Stabtomaten müssen die Triebe an Ruten gebunden werden. Zu starkes Gießen verwässert den Geschmack. Für einen gelegentlichen Flüssigdünger sind Tomatillos dankbar. Geerntet werden die noch grünen Früchte im Spätsommer.

TIPP: ERNTE

Tomatillos werden im Spätsommer geerntet, wenn die Hüllen trocknen, aufplatzen und die Frucht im Inneren freigeben, die in etwa so groß wie ein Golfball und noch grün ist. Die Hülle wird weggeworfen.

Tomatillos *sind mit den Kapstachelbeeren und Tomaten verwandt und sehen mit der grünen Hülle und der kleinen Frucht darin aus wie eine Mischung aus beiden.*

Goji-Beere

Pflanze
Goji-Beere

Höhe und Breite
H und B 1,2 m

Standort
Sonne oder Halbschatten

Härte
Winterhart

Erntezeit
Herbst

Topfgröße
30 cm

Topfmaterial
Ton, Stein, glasierte Keramik

Substrat
Tonhaltige, nährstoffreiche Blumenerde mit Grobsand

Die ovalen roten Früchte der Goji-Beere glänzen wie Perlen an den Zweigen des winterharten Strauchs. Neben ihrem ästhetischen Wert aber haben sie auch einen gesundheitlichen Nutzen, enthalten sie doch reichlich Antioxidantien, Vitamine und Mineralien. Jungpflanzen bekommt man im Frühjahr. Sie werden in 30-cm-Töpfe mit tonhaltiger Erde gepflanzt. Um die Dränage zu verbessern, arbeitet man etwas Kies in das Substrat ein und stellt das Gefäß auf Füße. Ein Langzeitdünger sorgt für den nötigen Nährstoffnachschub. Gießen Sie regelmäßig und schneiden Sie im Frühjahr leicht zurück. Auf die violetten oder rosa Blüten im Sommer folgen im Herbst die Früchte, doch trägt die Pflanze erst im zweiten Jahr ihre leuchtenden Herbstfrüchte. Sie werden nicht abgezupft, sondern von den Zweigen geschüttelt.

TIPP: BEEREN TROCKNEN

Die Beeren genießt man frisch oder getrocknet. Zum Trocknen breitet man die Früchte einlagig auf einem Drahtgitter aus und lässt sie entweder an einem warmen, hellen Platz oder im Ofen bei niedriger Temperatur trocknen. Früchte nicht berühren, da sie die Haut verfärben.

Apfelbeere

Pflanze
Apfelbeere

Höhe und Breite
H und B 1,2 m

Standort
Sonne oder Halbschatten

Härte
Winterhart

Erntezeit
Herbst

Topfgröße
30 cm

Topfmaterial
Ton, Stein, glasierte Keramik

Substrat
Tonhaltige, nährstoffreiche Blumenerde

Die nährstoffreichen, johannisbeerartigen Apfelbeeren werden zu Saft und Marmelade verarbeitet. Im Frühjahr und Sommer bildet dieser sommergrüne Strauch einen Busch aus glänzendem grünem Laub, doch im Herbst entflammen die Blätter in einem feurigen Rot, das noch kräftiger ausfällt, wenn er in der vollen Sonne steht. Auf die kleinen weißen Blüten im Frühjahr folgen dunkelviolette Beeren im Herbst.

In ihrer natürlichen Umgebung wachsen Apfelbeeren in feuchten, sauren Böden, doch kommen sie auch mit anderen Bedingungen zurecht. Man pflanzt sie in mineralische Erde und wässert gut.

SORTENAUSWAHL

Die Art trägt zwar reichlich Beeren, doch eignen sich kleine Sorten wie Iroquois Beauty ('Morton') und 'Hugin' besser für die beengten Verhältnisse in einem Kübel.

***Apfelbeeren** enthalten viele Vitamine und Antioxidantien. Ihre Bäume tragen in den ersten Jahren nicht viele Früchte, legen aber später enorm zu. Sie sind selbstbefruchtend.*

Zitronen und Limetten

Süß duftende Blüten und köstliche, aromatische Früchte – gibt es einen besseren Grund, Zitrusfrüchten in der kalten Jahreszeit einen Ehrenplatz im kühlen Wintergarten und im Sommer ein warmes, geschütztes Fleckchen draußen zu reservieren? Die Gehölze stellen keine großen Ansprüche, wenn sie Bedingungen bekommen, die ihnen behagen, und belohnen Sie mit saftigen Früchten und elegantem Wuchs, der ein besonderes Flair verbreitet.

Zitronen

Pflanze
Citrus meyeri

Höhe und Breite
H 1,8 m, B 1,5 m

Standort
Hell und sonnig

Härte
Mindesttemperatur 7 °C

Erntezeit
Unterschiedlich, hängt von der Sorte ab

Topfgröße
45 cm

Topfmaterial
Ton, Stein, glasierte Keramik

Substrat
Spezialerde für Zitruspflanzen

Lassen Sie sich von Zitronenbäumen in die Obsthaine Italiens entführen, wo ihr Duft schwer in der Luft liegt. Die Auswahl an guten Sorten ist groß: *Citrus limon* 'Variegata' etwa trägt zweifarbig grün-gelbe Blätter und gestreifte Früchte, während *Citrus meyeri* klein bleibt und schwer an den vielen rundlichen Früchten trägt. Die Gehölze eignen sich bestens für einen hellen, frostfreien Wintergarten oder ein Gewächshaus. Im Sommer kann man sie draußen an einen warmen, sonnigen Platz stellen.

ÜBERWINTERN

Pflanzen Sie Zitronen in große Töpfe mit Zitruspflanzenerde. Sie müssen regelmäßig mit Regenwasser gegossen und im Sommer monatlich mit einem Spezialdünger versorgt werden. Wie alle Zitrusfrüchte vertragen auch Zitronen keine Kälte und leiden bei Temperaturen unter 7 °C. Ist es im Winter aber zu warm, setzen sie keine Früchte an. Man sollte daher in der kalten Jahreszeit versuchen, eine Temperatur von 10–15 °C zu halten; man gießt und düngt dann nur sparsam.

TIPP: AUSSAAT MIT KERNEN

Der Kauf von Pflänzchen ist am einfachsten, doch macht es auch Spaß, Zitronenbäume aus Kernen zu ziehen. Dazu Exemplare aus einer reifen Frucht 1 cm tief in Töpfe mit Vermehrungserde stecken. In einen beheizten Anzuchtkasten stellen oder bei 16 °C zum Keimen bringen. Es dauert Jahre, bis die Gehölze Früchte tragen.

Zitronen gedeihen *im Sommer draußen prächtig, wenn man sie reichlich gießt, sodass der Ballen durchfeuchtet ist.*

Limetten

Pflanze
Limette

Höhe und Breite
H 1,8 m, 1,5 m

Standort
Hell

Härte
Mindesttemperatur 7 °C

Erntezeit
Sommer, mitunter aber auch ganzjährig

Topfgröße
45 cm

Topfmaterial
Ton, Stein, glasierte Keramik

Substrat
Spezialerde für Zitruspflanzen

Wenn Sie der Ehrgeiz packt, für Ihre Getränke oder asiatischen Gerichte eigene Limetten zu ziehen, dann halten Sie sich ein Exemplar in einem großen Kübel an einem hellen, sonnigen Ort, etwa einem beheizten Gewächshaus oder einem kühlen Wintergarten. Man sollte aber genug Platz außen um die Pflanze herum lassen, denn sie trägt tückische Dornen. Kultiviert und überwintert werden Limetten wie Zitronen (*siehe gegenüber*). Gießen Sie regelmäßig, aber lassen Sie den Ballen jedes Mal fast austrocknen.

ERNTE

Wann die Früchte reif sind, lässt sich schwer erkennen, denn sie wechseln die Farbe nicht, sondern werden nur ein wenig heller. Außerdem fühlen sie sich etwas weicher an und auch die Schale wird glatter. Gepflückt werden Limetten, indem man sie vom Zweig dreht.

Limettenbäume sind mit scharfen Dornen bewehrt.

Kaffir-Limetten

Pflanze
Kaffir-Limette

Höhe und Breite
H 1,8 m, B 1,5 m

Standort
Hell

Härte
Mindesttemperatur 7 °C

Erntezeit
Blätter ganzjährig

Topfgröße
45 cm

Topfmaterial
Ton, Kunststoff, glasierte Keramik

Substrat
Spezialerde für Zitruspflanzen

Limetten kultiviert man ihrer Früchte wegen, an der Kaffir-Limette (*Citrus hystrix*) aber schätzt man die glänzenden grünen Blätter, die in der thailändischen Küche häufig Verwendung finden. Doch die Bäume liefern nicht nur eine seltene Zutat, die man bestenfalls in Spezialgeschäften auftreibt, sie sehen mit ihren in zwei Segmente unterteilten Blättern und dem bronzeroten Austrieb in großen Töpfen recht dekorativ aus. Aber aufgepasst: Die Zweige sind mit langen Stacheln bewehrt.

KULTUR

Kaffir-Limetten werden wie Zitronen eingetopft (*siehe gegenüber*) und sollten in einem hellen Wintergarten oder Gewächshaus stehen. Die Temperatur darf nachts nicht unter 7 °C fallen und muss im Winter tagsüber leicht darüber liegen. Im Sommer hingegen mag die Pflanze es heiß. Bei einem plötzlichen Temperaturwechsel wirft sie das Laub ab, doch erholt sie sich wieder. Gedüngt, gegossen und überwintert werden Kaffir-Limetten wie herkömmliche Limetten.

Laub und Früchte der Kaffir-Limette

Warmhausfrüchte

Lust auf eine eigene Orangerie oder gar auf Mandarinen, Tangerinen und die bizarre Zitronatzitronen-Sorte Buddhas Hand? Dafür brauchen Sie ein frostfreies Gewächshaus oder einen Wintergarten. Wenn Sie den Bäumen viel Licht und Wärme bieten, werden Sie mit leuchtenden Früchten belohnt.

Pflanze
Kalamondinorange

Höhe und Breite
Hochstämmchen: H 1,5 m, B 1 m

Standort
Drinnen hell, draußen in voller Sonne

Härte
Verträgt keine Temperaturen unter 0 °C und braucht zum Fruchten mindestens 14 °C

Erntezeit
Sommer bis Herbst

Topfgröße
45 cm

Topfmaterial
Ton, Stein, glasierte Keramik, Kunststoff

Substrat
Tonhaltige, nährstoffreiche Blumenerde mit etwas Grobsand

Wer in einem relativ kühlen Klima lebt, kann sich kaum vorstellen, Zitrusfrüchte von eigenen Bäumen zu pflücken. Und doch ist es möglich: In der Wärme eines beheizten Gewächshauses oder Wintergartens gedeihen diese Südfrüchte durchaus.

Sie bekommen die verschiedenen Arten und Sorten bei Spezialgärtnereien, meist über den Versand. Die Bäume brauchen große, voluminöse Gefäße mit spezieller Zitruspflanzen- oder mineralischer Erde und einen hellen Standort. Man kann sie im Sommer ins Freie stellen, muss sie aber rechtzeitig nach drinnen bringen, bevor es zum Sommerende nachts wieder kühler wird.

PFLEGE VON ZITRUSPFLANZEN

Zitruspflanzen müssen regelmäßig gegossen werden, vor allem während der Entwicklung der Früchte, da sie sonst abfallen. Sie vertragen kein kalkhaltiges Wasser, weshalb man Regenwasser auffängt. Im Frühjahr und Sommer bekommen sie monatlich einen Spezialdünger für Zitrusgewächse während des Wachstums. Im Winter reduziert man die Wasser- und Nährstoffgaben, gibt beim Gießen jedoch die halbe Dosis eines Zitrusdüngers für den Winter.

Für guten Fruchtansatz brauchen Zitrusgewächse in den sechs Monaten direkt nach der Blüte eine Temperatur von mindestens 14 °C – fällt die Quecksilbersäule unter diesen Wert, gehen sie womöglich in eine Ruhephase über. Von der Bestäubung bis zur Fruchtreife vergehen mitunter bis zu elf Monate.

TIPP: SCHNITT VON ZITRUSPFLANZEN

Zitrusgewächse brauchen keinen starken Rückschnitt. Man entfernt einfach tote, kranke oder verletzte Zweige und überkreuzte Triebe, die aneinanderreibenkönnten. Außerdem werden Seitentriebe gekürzt, damit die Gehölze eine runde, ansehnliche Form behalten. Ideal für einen Schnitt sind der Winter und das zeitige Frühjahr.

Mitte: ***Kalamondinorangen*** *wachsen zwergig und tragen süße Früchte, die niedrigere Temperaturen aushalten als die meisten Zitruspflanzen.*

Zitrus-Varianten

Orangenbäume *sind unschwer zu bekommen. Manche vertragen bis -5 °C. Sie haben dunkelgrünes, glänzendes Laub und duftende weiße Blüten. Im Frühjahr und Frühsommer folgen die Früchte. Wählen Sie für Töpfe kleine Sorten. Wenn Sie etwas wirklich Spektakuläres suchen, bietet sich* Citrus medica var. digitata *an, bekannt als Buddhas Hand. Ihre großen, nicht essbaren Früchte gehören zu den erstaunlichsten Gebilden im Obstreich. Die Pflanzen brauchen viel Wärme.*

Mandarinen *fruchten oft vom Frühjahr bis zum Herbst. Die Auswahl an Sorten in den unterschiedlichsten Größen mit Früchten in allerlei Geschmacksrichtungen ist groß. Da die Äste leicht brechen, muss man sie eventuell stützen.*

Kumquats *sind langsam wachsende Bäume, die orangefarbene, ovale Früchte mit süßer Schale und leicht bitterem Fleisch ansetzen. Sie werden von November bis Februar geerntet und entwickeln sich aus weißen, duftenden Blüten.*

Tangerinen *sind eine Sorte der Mandarine und entwickeln kleine süße, leicht zu schälende Früchte. Es lohnt sich außerdem, nach Tangelos Ausschau zu halten, einer Kreuzung zwischen Tangerine und Grapefruit oder Orange.*

Clementinen *werden oft als Hochstämmchen mit einer buschigen Krone aus dunklem, immergrünem Laub verkauft. Man zieht sie wegen der kleinen süßen Früchte, die je nach Sorte von Herbst bis Februar geerntet werden.*

MEDITERRANE FRÜCHTE

Früchtepotpourri

Ananas, Guaven, Quitten – diese drei faszinierenden Früchte verwöhnen die Geschmacksknospen und ziehen garantiert die Aufmerksamkeit von Besuchern auf sich. Während die Kultur von Ananas und Guaven zwar viel Spaß macht, die beiden als Tropenpflanzen aber einen warmen, hellen Wintergarten brauchen, eignen sich Quitten als Solitäre für Freilandgefäße und liefern Früchte, die man zu Marmelade, Gelee oder Mus einkochen kann.

Ananas *Ananas comosus*

Pflanze
Ananas comosus

Höhe und Breite
H und B 1 m

Standort
Volle Sonne, in einem warmen, hellen Wintergarten

Härte
Mindesttemperatur 18 °C

Erntezeit
Bei Vollreife der Frucht

Topfgröße
20 cm

Topfmaterial
Kunststoffgefäß im dekorativen Übertopf

Substrat
Tonige, nährstoffreiche Blumenerde mit Zusatz von Grobsand

Ananas gehören zur Familie der Bromeliengewächse und sind in den Tropen beheimatet. Trotzdem lassen sich die hübschen Pflanzen mit ihrem lanzettlichen, spitzen Laub und den stachelig wirkenden Früchten erstaunlich einfach kultivieren. Man kauft sie als Pflanzen oder zieht sie aus gekauften Früchten. Schneiden Sie dazu eine dicke Scheibe vom oberen Ende ab und entfernen Sie die unteren Blätter. Weiches Fleisch wird herausgeschabt, dann lässt man den Schopf ein paar Tage trocknen, bevor man ihn mit der Aushöhlung nach unten in tonhaltige Erde setzt.

Ein sonniger Wintergarten ist unerlässlich, will man Ananas ziehen, denn die Pflanzen brauchen mindestens sechs Sonnenstunden täglich und Temperaturen über 18 °C. Vor allem Jungpflanzen müssen regelmäßig gewässert werden; eine dicke Schicht aus organischem Mulch (*siehe S. 58*) hilft Feuchtigkeit zu bewahren. Jede Pflanze bildet nur eine Frucht. Man erntet sie, sobald sie gelb wird.

TIPP: FRUCHTANSATZ FÖRDERN

Ananas wachsen langsam und fruchten frühestens, wenn sie drei Jahre alt sind. In der Blattrosette muss immer Wasser stehen; zudem sollte man die Pflanzen hin und wieder besprühen. Während des Wachstums brauchen sie einmal im Monat einen Tomatendünger.

***Die tropische Schönheit** erobert mit ihren bizarren Formen jeden sonnigen, nach Süden gerichteten Wintergarten, in dem sie mit viel Licht und Wärme verwöhnt wird.*

Guave *Psidium guajava*

Pflanze
Psidium guajava

Höhe und Breite
H und B 2 m

Standort
Volle Sonne

Härte
Mindesttemperatur 3 °C

Erntezeit
Spätes Frühjahr

Topfgröße
30 cm und größer

Topfmaterial
Ton, Stein, glasierte Keramik

Substrat
Tonhaltige, nährstoffreiche Blumenerde

Die Früchte der Guaven sieht man in Gemüseläden nur selten. Wenn man die Pflanzen in unseren Breiten in einem Wintergarten zieht, sind sie eine Attraktion. Man kann sie aussäen, einfacher aber ist der Kauf einer Jungpflanze. Guaven brauchen viel Platz und Licht, man setzt sie daher am besten in einen großen Topf und stellt sie in einen temperierten, hellen Wintergarten. An einer Südmauer können sie in den warmen Monaten auch draußen stehen, doch muss man Blüten und Früchte vor Frost schützen. Guaven fruchten nur nach einem langen, heißen Sommer.

PFLEGE

Der Ballen darf weder austrocknen noch zu nass werden. Im Frühjahr brauchen Guaven Nährstoffdoping in Form eines Langzeitdüngers, den man in die oberste Substratschicht einarbeitet. Ein Schnitt im Frühjahr hält sie buschig und kompakt.

Guaven schmecken süß nach Ananas und Minze.

EXOTEN

Quitte *Cydonia oblonga*

Pflanze
Cydonia oblonga

Höhe und Breite
Hochstamm:
H 1,5 m, B 1 m

Standort
Volle Sonne

Härte
Winterhart, aber Frostsenken meiden

Erntezeit
Herbst

Topfgröße
Mindestens 45 cm

Topfmaterial
Ton, Stein

Substrat
Tonhaltige, nährstoffreiche Blumenerde

Quitten schmecken aromatisch und sind dekorativ.

Die aromatischen, gelben Früchte der Echten Quitte werden unter anderem für die Zubereitung von Gelee als Beilage zu Fleisch und Käse verarbeitet. Sie sind um Welten besser als die Früchte der Zierquitte (*Chaenomeles*).

Man zieht die Bäume in großen Kübeln mit tonhaltiger Erde und weist ihnen den sonnigsten, wärmsten Platz zu, damit die Früchte ausreifen. Gießen Sie gut und stellen Sie das Gefäß auf Füße, um den Wasserabzug zu verbessern. Im Spätwinter entfernt man die oberste Erdschicht und ersetzt sie durch frisches Substrat mit Langzeitdünger. Quitten werden recht groß, doch gibt es schwachwüchsige Unterlagen. Das Kürzen der Zweigspitzen bremst ihren Wuchs ebenfalls.

ERNTE

Geerntet wird im Herbst, wenn die Quitten goldgelb werden, am besten nach dem ersten Frost. Man wickelt sie ein und lagert sie an einem kühlen, trockenen, dunklen Platz – getrennt von anderem Obst, weil sie stark duften.

PROBLEME LÖSEN

Ein Garten ohne Schädlinge und Krankheiten ist undenkbar. Trotzdem lassen sich Schäden durch allerlei Gegenmaßnahmen und mit tatkräftiger Unterstützung von Nützlingen auf ein Minimum begrenzen. Auch regelmäßiges Wässern und Düngen zahlt sich aus. Falls doch einmal größere Probleme auftreten und Sie Flecken auf Äpfeln oder Löcher in Zucchini bemerken, verzagen Sie nicht: Die Tipps in diesem Kapitel sind ein wertvolles Rüstzeug im Kampf gegen Schädlinge und Krankheiten im Garten.

Unterstützen Sie Ihre Pflanzen *im Kampf gegen Schädlinge, indem Sie mit einem Kupferband Schnecken fernhalten, wertvolle Verbündete in Form von Nützlingen anlocken und Blattläuse mit Wasser wegschwemmen.*

Schädlinge und Krankheiten

Das Risiko eines Befalls durch Schädlinge und Krankheitserreger kann man reduzieren, indem man Pflanzen an Standorten zieht, die ihnen behagen. Außerdem sollte man sie regelmäßig auf Anzeichen einer Schädigung überprüfen, um das Problem schon im Ansatz zu bekämpfen. Wenn eine Art besonders anfällig für eine Krankheit ist, pflanzt man widerstandsfähige Sorten und bietet ihr optimale Bedingungen.

Risikominderung

Gesunden Pflanzen können Schädlinge und Krankheiten nicht viel anhaben. Sorgen Sie dafür, dass Ihre Gewächse nicht unter Stress stehen, indem Sie ihnen ideale Bedingungen bieten und sie regelmäßig gießen. Auch muss man angemessen düngen, denn ein Zuviel an Nährstoffen bringt weichen Wuchs hervor, auf dem sich Blattläuse ansiedeln.

Halten Sie Töpfe frei von abgestorbenem Pflanzenmaterial und Unkräutern, sodass Schädlinge und Krankheitserreger sich dort nicht festsetzen können. Prüfen Sie Ihre Pflanzen regelmäßig auf Befallsspuren. Gekräuselte oder missgebildete Blätter und Triebe deuten oft auf Blattlausbefall hin, während Löcher in den Blättern Anzeichen für Schneckenfraß und Raupen sind. Sehen Sie sich Blütenknospen und die Laubunterseite gut an und entfernen Sie die Schädlinge per Hand oder mit einem Wasserstrahl. Manchmal ist schon allein das Zerdrücken von Blattläusen und Raupen ausgesprochen wirkungsvoll. Das Krankheitsrisiko verringert man, indem man Töpfe und Werkzeuge desinfiziert (*siehe S. 32–33*) und befallene Pflanzenteile entfernt.

TIPP: JÄTEN

Unkräuter müssen in Töpfen sofort ausgemerzt werden, denn sie nehmen Nutzpflanzen Wasser, Platz und Nährstoffe weg. Zudem können sie Schädlinge und Krankheitserreger beherbergen. Zupfen Sie Unkraut aus, bevor es blüht und sich aussät. Mehrjährige Arten gräbt man mit der Handgabel aus, damit auch die Wurzel vollständig entfernt wird.

***Wasserstress**, hervorgerufen durch Trockenheit, lässt Pflanzen kümmern und macht sie anfällig für Schädlinge. Dagegen hilft gutes Gießen – Blumenampeln brauchen an heißen Tagen manchmal sogar zweimal eine Dosis.*

Gesunde Pflanzen wählen

Um Krankheiten und Schädlinge nicht unwissentlich in Ihren Garten einzuschleppen, prüfen Sie Pflanzen vor dem Kauf gut. Von welken Exemplaren oder solchen mit gelbem, fleckigem Laub und mit Unkräutern im Topf sollten Sie besser die Finger lassen.

Wenn möglich, wählt man Sorten, die eine gute Widerstandsfähigkeit gegen Krankheiten haben. In Katalogen und auf Etiketten finden Sie Informationen darüber, bei welchen Sorten das Befallsrisiko geringer ist. Zahlreiche neue Züchtungen von Tomaten und anderen Gemüsesorten trotzen Viren und Fäulniskrankheiten.

Die Untersuchungsanstalten empfehlen oft bestimmte Sorten, die sich besonders gut für die Kultur eignen. Wer sie kontaktiert oder im Internet ihre Webseiten aufruft, kann viele wertvolle Tipps zu bewährten Züchtungen finden.

*Oben: **Gesunde Pflanzen** erkennt man im Gartenhandel daran, dass sie gepflegt aussehen, keine braunen Blätter haben und in frischer Erde stehen.*

Hindernisse

Hindernisse sind ein sehr nützliches Bollwerk gegen Schädlinge. Die meisten helfen, weil die Tiere sie ungern überwinden oder weil sie eine physische Barriere bilden, über die sie nicht springen oder klettern können. So bremsen Kupferbänder und Vaseline- bzw. Fettstreifen schleimige Kriecher wirkungsvoll aus.

Entfernen Sie abgefallene Pflanzenreste, denn sie sind eine Brücke, die unerwünschte Gäste bald entdecken und für sich nutzen. Grober Sand, rauer Kies und Eierschalen wehren feindliche Schneckenattacken ab. Jede einzelne Maßnahme hilft ein bisschen, alle zusammen – und dazu ein biologisches Mittel in Form eines natürlichen Feinds oder etwas Schneckenkorn, maßvoll eingesetzt – begrenzen den Schaden jedoch auf ein Minimum.

*Oben: **Wickeln Sie** Kupferband um Töpfe, um Schnecken fernzuhalten. Das Metall verabreicht den Tieren harmlose, aber unangenehme Elektroschocks.*

*Links: **Netze** wehren Vögel ab. Sie sind vielleicht nicht unbedingt das dekorativste Gartenelement auf einer Terrasse, aber von unschätzbarem Wert.*

Biologische Schädlingsbekämpfung

Schädlinge und Krankheiten gibt es in jedem Garten, ganz gleich, wie gut er gepflegt ist. Wenn Sie eigenes Obst und Gemüse ziehen, wollen Sie aber wahrscheinlich möglichst wenig Pestizide verwenden, sondern den Plagegeistern mit natürlichen Mitteln zu Leibe rücken und Nützlinge für Ihren Kampf einspannen. Hier erfahren Sie, was Sie dafür tun können.

Nützlinge anlocken

Wer Tieren Nahrung, Wasser und Unterschlupf bietet, lockt sie an. Einmal im Garten, machen sie sich über Schädlinge her. Vogelhäuschen mit Futter rufen Vögel auf den Plan, die auch Blattläuse, Raupen, Schnecken und andere ungebetene Gäste nicht verschmähen.

Durch Platzieren von Blumen zwischen Nutzpflanzen bringt man nicht nur Farbe in den Gemüsegarten, sondern lädt auch Bestäuber, die sich oft von Schädlingen ernähren, zum Verweilen ein.

Machen sich trotzdem Schadinsekten breit, kann man sie mit biologischen Methoden bekämpfen, etwa dem Ausbringen von Nematoden. Diese mikroskopisch kleinen, parasitischen Tiere befallen Schnecken, Raupen, Dickmaulrüssler und andere Schädlinge. Man bekommt sie in Pulverform und verteilt sie mit dem Gießwasser im Garten.

***Studentenblumen** passen nicht nur optisch gut zu Tomaten, Thymian und Basilikum, sie sind auch wenig anfällig für Schädlingsbefall und locken Nützlinge wie Florfliegen, Marienkäfer und Raubwespen an.*

Lebensräume schaffen

Wer viele Habitate in seinem Garten hat, lockt zahlreiche Nützlinge an. Ein Teich ist für Frösche, Kröten und Insekten, aber auch etliche andere hungrige und durstige Tiere, etwa Vögel, attraktiv. Laubhaufen, Teppichreste oder Dachziegelstapel sind willkommene Verstecke für allerlei Verbündete im Kampf gegen Schädlinge. Holzstapel beherbergen Käfer und dienen oftmals Igeln als Winterquartier. Lassen Sie deshalb nach Möglichkeit einige Haufen aus altem Holz in uneinsehbaren Gartenwinkeln liegen. Falls sich dort auch Schädlinge wie Schnecken einnisten, kann man sie leicht entfernen.

***In einem Halbfass** lässt sich ein Miniteich anlegen, der die verschiedensten Nützlinge anzieht. Das Gefäß wird an einen sonnigen Platz gestellt, mit Teichfolie ausgeschlagen, mit Wasser gefüllt und bepflanzt.*

NÜTZLINGE

Viele Insekten machen sich als Bestäuber nützlich, manche von ihnen vertilgen zudem Schädlinge. Sie in den Garten zu locken ist daher äußerst sinnvoll.

Florfliegen ernähren sich von Blattläusen und anderen Schädlingen. Man lockt sie mit nektarreichen Blüten.

Marienkäfer fressen Blattläuse und fliegen gezielt befallene Pflanzen an. Sie überwintern unter anderem in trockenen Verstecken wie Fruchtständen.

Schwebfliegen sehen wie Wespen aus, verspeisen Blattläuse und bestäuben Blüten. Man lockt sie mit Blüten an.

Hundertfüßer haben einen fast unstillbaren Appetit auf die verschiedensten Schädlinge. Sie verstecken sich in Laub und Holzstapeln.

Frösche und Kröten lassen sich Schnecken und Insekten schmecken. Ein Gewässer lockt sie in den Garten.

***Wer einen Teich** anlegt, hat Frösche und Kröten – und dadurch viel weniger Schnecken.*

***Marienkäfer** schätzen Blattläuse als Leckerbissen. Lassen Sie ein paar Fruchtstände stehen, damit sie Platz zum Überwintern haben.*

Häufige Schädlinge

Die meisten Pflanzen im Nutzgarten sind anfällig für Schädlinge. Gesundes Gemüse kommt mit einem Befall oft gut zurecht, trotzdem sollte man auf der Hut sein und es regelmäßig absuchen, denn manche Arten breiten sich im Nu aus, schädigen Pflanzen schwer und beeinträchtigen die Ernte ernsthaft.

1 BLATTLÄUSE
Die Insekten findet man an jungen Trieben. Sie verursachen Kümmerwuchs und übertragen Viren. Man zerdrückt sie, fördert natürliche Feinde (*siehe S. 175*) oder spritzt Pyrethrine bzw. Präparate auf Fettsäurebasis.

2 APFELWICKLER
Die Larven bohren im Sommer Löcher in Äpfel und Birnen. Sie werden mit biologischen Mitteln, wie Schlupfwespen oder Granuloseviren, bekämpft.

3 SPARGELHÄHNCHEN
Adulte Tiere und ihre Larven ernähren sich von Juni bis September von Spargellaub und -rinde. Das Laub stirbt daraufhin ab. Schädlinge absammeln und Triebe im Herbst verbrennen. Eventuell ein Pyrethrin-Präparat sprühen.

4 KOHLERDFLÖHE
Die winzigen schwarzen Käfer durchlöchern die Blätter von Kohlgewächsen und verwandten Pflanzen. Sie schädigen Sämlinge und verderben Salatgemüse, wie Rucola. Kohlgewächse am besten unter Vlies ziehen. Befallene Flächen mit Pyrethrin-Präparaten behandeln.

5 WEICHWANZEN
Verschiedene, 5–8 mm große Weichwanzen-Arten saugen Saft an Pflanzen, wie Johannisbeeren und Äpfeln. Es entstehen braun geränderte Löcher in Blättern und deformierte Früchte. Eine Bekämpfung ist selten nötig. Insektizide nur im Extremfall spritzen.

1

3

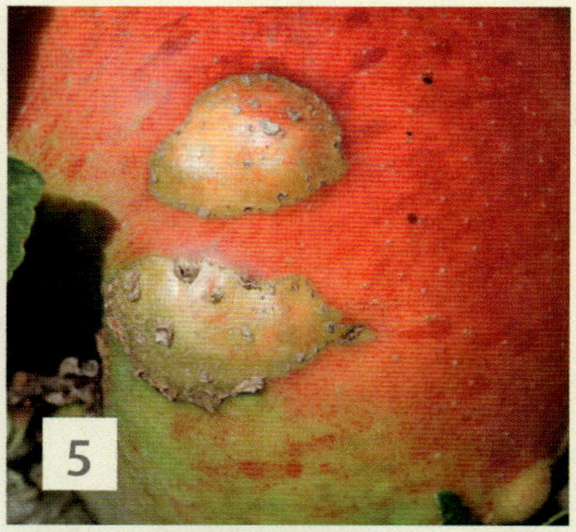
5

2

4

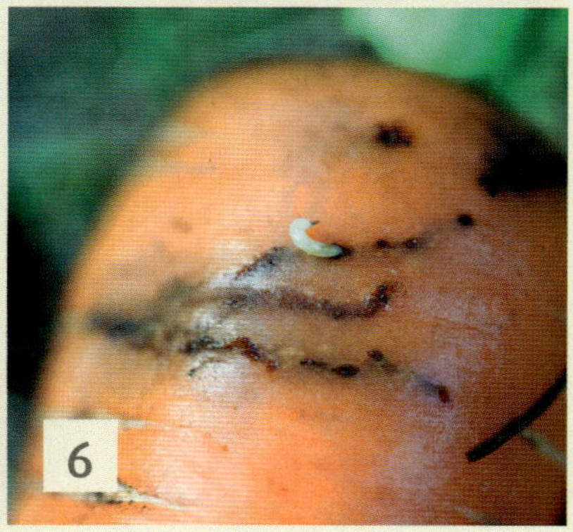
6

6 MÖHRENFLIEGE
Die dünnen, cremefarbenen Maden dieser kleinen Fliege fressen Gänge in Karotten und Pastinaken. Man zieht am besten nur resistente Sorten und deckt Kulturen mit Vlies ab.

7 SCHMETTERLINGE AN KOHL
Mehrere Schmetterlingsarten legen an Kohlgewächsen ihre Eier ab. Aus den Eiern schlüpfen dann die gefräßigen Raupen. Gemüse mit Netzen abdecken und Pyrethrin-Präparate sprühen.

8 VÖGEL
Vögel tun sich an Samen, Knospen, Früchten und Laub gütlich. Besonders begehrt sind Beeren und Kohlgewächse. Man deckt Beete und Sträucher mit Netzen ab, die gut am Boden befestigt werden, damit die Tiere nicht im Inneren gefangen werden.

9 MINIERFLIEGEN
Die Maden der Fliegen fressen im Blattgewebe von Roter Bete, Stielmangold und Spinat. Die betroffenen Stellen der Blätter werden weiß oder blassgrün, dann verbräunen sie und vertrocknen. Zwei Generationen entstehen, jeweils eine im Früh- und eine im Spätsommer. Zupfen Sie befallene Blätter ab oder ziehen Sie die Pflanzen unter Kulturschutznetzen. Der Schädling lässt sich mit Insektiziden nur schwer bekämpfen.

10 STACHELBEER-BLATTWESPE
Die grüngelben, schwarz gefleckten Larven der Wespe entlauben Stachelbeeren und Rote Johannisbeeren im Frühjahr und Sommer und verursachen schwere Schäden. Man liest sie von Hand ab, bekämpft sie biologisch oder sprüht mit einem Pyrethrin-Präparat.

11 LAUCHMOTTE
Junge Raupen der Lauchmotte minieren in den Blättern von Zwiebeln und Lauch und verursachen hellbraune Flecken. Ältere Raupen fressen sich in das Fleisch von Lauchstangen und Zwiebeln. Das Gemüse unter feinmaschigem Kulturschutznetz ziehen.

12 JOHANNISBEER-BLASENLAUS
Die Blätter an den Triebspitzen von Johannisbeeren entwickeln im Frühjahr rötlich oder gelblich grüne, aufgeworfene Stellen. Ein Befall wirkt sich kaum auf die Frucht aus, weshalb eine Bekämpfung nicht notwendig ist.

KATZEN (*ohne Abbildung*)
Katzen graben in weichen Saatbeeten und können Netze oder Gartenvlies zerreißen. Man hält sie mit Maschendraht fern.

7

9

11

8

10

12

13 MÄUSE

Erbsen- und Bohnensamen in der Erde sowie gelagertes Obst und Gemüse sind für die Nager ein Leckerbissen. Man kann die Tiere kaum fernhalten, mit Fallen aber etwas dezimieren.

14 WESPEN

Wespen betätigen sich im Frühjahr als Insektenvertilger, können sich im Lauf der Saison aber über Früchte wie Pflaumen, Zwetschgen und Äpfel hermachen. Man lenkt sie mit Honigfallen oder beschädigten Lockfrüchten ab.

15 ERBSENWICKLER

Wickler legen im Hochsommer Eier auf Hülsen. Ihre Raupen fressen die Erbsen im Inneren der Hülsen. Durch frühe und späte Aussaat kann man eine Eiablage vermeiden, Sommererbsen aber müssen mit Netzen geschützt werden.

16 OBSTBAUMMINIERMOTTE

Die winzigen Raupen fressen im Inneren von Apfel- und Kirschblättern, wodurch lange, schmale, gewundene, weiße oder braune Fraßlinien an der Blattoberseite entstehen. Es treten im Lauf des Sommers mehrere Generationen auf, doch zu einem starken Befall kommt es erst im Spätsommer. Dann kann die Motte den Baum aber nicht mehr ernsthaft schädigen.

17 HIMBEERKÄFER

Die schlanken, bis 8 mm langen, bräunlich weißen Larven des Käfers ernähren sich von Himbeeren, Brombeeren und ihren Hybriden. Sie nagen am Fruchtstiel, wo sich eingetrocknete Stellen bilden. Sobald sich die ersten Beeren rosa färben und noch einmal zwei Wochen später spritzt man mit einem Pyrethrin-Präparat.

18 PFLAUMENWICKLER

Auf den Kernen von befallenen Renekloden, Pflaumen und Zwetschgen sind blassrosa Raupen mit braunem Kopf zu sehen. Sie verursachen starke Fraßschäden in den Früchten. Man dezimiert sie durch Aufhängen von Pheromonfallen im Juni.

19 SPINNMILBEN

Spinnmilben verursachen auf Blättern eine helle Sprenkelung. Im Gewächshaus sorgt man bei warmer Witterung für hohe Luftfeuchtigkeit und geht mit Raubmilben gegen sie vor. Im Freiland spritzt man Fettsäurepräparate.

20 WOLLLÄUSE

Der mit wollig weißem Wachs überzogene Schädling saugt im Frühjahr und Frühsommer Saft aus den Trieben von Apfelbäumen. Er wird abgebürstet.

13

15

17

14

16

18

21 SCHNECKEN
Sie fressen Löcher in Blätter und Wurzeln und können Sämlingsreihen völlig ruinieren. Man dezimiert sie, indem man sie nachts aufsammelt, Fallen aufstellt oder Nematoden ausbringt. Im Notfall hilft Schneckenkorn.

22 BLATTRANDKÄFER
Graubraune Käfer fressen Buchten in Blattränder. Die Larven ernähren sich von den Wurzeln von Erbsen. Große Pflanzen überstehen den Schaden, Jungpflanzen zieht man in Töpfen.

23 WEISSE FLIEGEN
Die Saft saugenden Insekten sondern klebrigen Honigtau ab. Sie schädigen vor allem Tomaten und Gurken in Gewächshäusern. Wirksam sind biologische Mittel wie *Encarsia formosa*, eine Schlupfwespen-Art.

24 DRAHTWÜRMER
Die dünnen, orangebraunen Larven des Schnellkäfers leben im Boden und fressen Wurzelgemüse wie Kartoffeln und Karotten an. Sichtbare Larven werden abgesammelt, befallene Wurzeln und Knollen ausgegraben.

KLEINE KOHLFLIEGE (*ohne Abb.*)
Die weißen Maden der Kohlfliege ernähren sich von den Wurzeln von Kohlgewächsen und schädigen Setzlinge. Kohlkrägen um den Ansatz der Pflanzen verhindern die Eiablage.

WURZELLÄUSE (*ohne Abb.*)
Gemüse wie Karotten, Blattsalate und Bohnen werden von weißen Läusen befallen, die sich von den Wurzeln ernähren, das Wachstum beeinträchtigen und Pflanzen bei Hitze welken lassen. Im Sommer gut wässern.

ERDRAUPEN (*ohne Abb.*)
Die Raupen einiger Eulenfalter leben unterirdisch; sie fressen die obersten Wurzeln junger Pflanzen an und knabbern Löcher in Wurzelgemüse. Man liest die hellbraunen Raupen von Hand auf oder geht mit biologischen Mitteln, wie Spinosad oder *Bacillus thuringiensis* var. *aizawai*, gegen sie vor.

BIRNENGALLMÜCKE (*ohne Abb.*)
Unreife Birnen werden am Blütenende schwarz, hören auf zu wachsen und fallen im Frühsommer ab. Die Maden schlüpfen aus Eiern, die die Mücke in Blütenknospen legt, und ernähren sich von den unreifen Früchten. Befallenes Obst wird entfernt und beseitigt, um einem Befall in Zukunft vorzubeugen.

Allgemeines über biologische Schädlingsbekämpfung siehe S. 174–175.

19

21

23

20

22

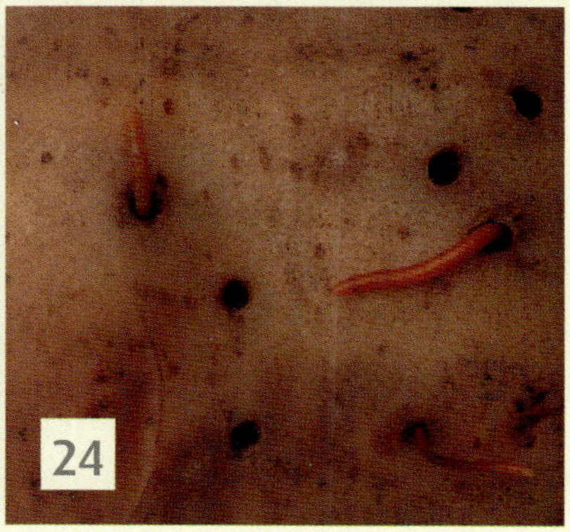
24

Häufige Krankheiten und Störungen

Man könnte meinen, eine ganze Armee aus Bakterien, Pilzen und Viren wartet nur darauf, all Ihre Ambitionen im Garten zu vereiteln. Zum Glück sind gesunde Pflanzen widerstandsfähiger als schwächelnde. Pflegen Sie Ihr Obst und Gemüse gut, halten Sie den Garten sauber und arbeiten Sie mit Fruchtfolgen.

1 BAKTERIENBRAND AN STEINOBST
Das Bakterium *Pseudomonas syringae* verursacht Triebsterben und eingesunkene Stellen in der Rinde, oft mit Gummifluss. Befallenes Material bis ins gesunde Holz zurückschneiden und Fungizid auf Kupferbasis einsetzen.

2 HALLIMASCH
Der Pilz kann Obstgehölze zum Absterben bringen. Befallene Pflanzen mit weißen Pilzfäden und Pilzgeruch unter der Rinde werden vernichtet.

3 STIPPIGKEIT
An Äpfeln entstehen dunkle Flecken oder Löcher, die Früchte können bitter schmecken. Ursache ist Kalziummangel. Bäume mulchen und gut gießen.

4 SCHOKOLADENFLECKENKRANKHEIT AN BOHNEN
Flecken auf Laub und Stängeln schmälern die Ernte. Der Pilz gedeiht bei hoher Luftfeuchtigkeit, weshalb man zwischen den Pflanzen Abstand lässt und sie in durchlässigen Böden zieht.

5 GRAUSCHIMMEL
Bei Gewächshauspflanzen, aber auch an Kopfsalat und Beeren bildet sich ein flaumiger, grauer Schimmel. Infizierte Teile entfernen und Glashaus lüften.

6 *MONILIA*-FRUCHTFÄULE
Die verbreiteten Pilze (*Monilia*-Arten) dringen in Obstbäume ein und verursachen an den Früchten faulige Stellen und hellbraune Pusteln. Kranke Früchte und von Blütenwelke befallene Zweige (*siehe S. 182*) sofort entfernen.

7 AMERIKANISCHER STACHELBEERMEHLTAU

Auf Blättern und jungen Trieben bildet sich ein mehlig weißer Belag, das Laub stirbt ab und die Triebe wachsen gestaucht. Auch die Stachelbeeren selbst sind stark befallen. Schneiden Sie kranke Triebe heraus, um den Luftdurchzug in der Pflanze zu verbessern. Düngen Sie nicht mit zu viel Stickstoff und gießen Sie bei Trockenheit regelmäßig. Widerstandsfähige Sorten sind im Handel erhältlich.

8 BLÜTENENDFÄULE

An Tomaten, Paprika und anderen Früchten erscheinen dunkle Flecken am unteren Ende. Ursache ist ein Mangel an Kalzium (*siehe S. 185*), der in der Regel auf Trockenheit zurückzuführen ist. Jungpflanzen schützt man durch regelmäßiges Wässern.

9 KOHLHERNIE

Die Pilzkrankheit führt zu einem übermäßigen Wachstum der Wurzeln von Kohlgewächsen. Das Laub welkt, färbt sich violett und stirbt mitunter ab. Kultivieren Sie resistente Sorten. Auch ein Kalken des Bodens kann helfen.

10 GURKENMOSAIKVIRUS

Blattläuse übertragen das Virus von Pflanze zu Pflanze. Das Laub von Gurken und Zucchini wird runzelig und verfärbt sich, die Früchte wachsen verformt und werden ungenießbar. Infizierte Pflanzen vernichten.

11 UMFALLKRANKHEIT

Keimlinge fallen plötzlich um. Betroffen sind vor allem Pflanzen unter Glas. Saubere Töpfe und Leitungswasser verwenden. Dünn säen, gut durchlüften und ein Kupferfungizid einsetzen.

12 FALSCHER MEHLTAU

Der Pilz gedeiht bei Feuchtigkeit. Er bildet braune Flecken an der Blattoberseite und einen hellgrauen Belag auf der Unterseite. Gefährdet sind Kohlgewächse, Blattsalate und weitere Pflanzen. Kranke Blätter entfernen.

BAKTERIENNASSFÄULE (*ohne Abb.*)

Die Krankheit verursacht eingesunkene, faulige Stellen an Wurzeln und Früchten von Kohlgewächsen, Kartoffeln, Tomaten und Zucchini. Die Verbreitung erfolgt durch Insekten oder verschmutztes Werkzeug. Geräte desinfizieren, befallene Pflanzen vernichten.

SCHWARZBEINIGKEIT (*ohne Abb.*)

Das Laub von Kartoffeln wird gelb, zum Teil schon im Juni. Am Triebansatz sind schwarze Stellen zu sehen. Infizierte Pflanzen werden vernichtet.

7

9

11

8

10

12

13 BLATTFLECKEN DURCH PILZE
Verschiedene Pilzarten lassen runde graue oder blaue Flecken, mitunter mit winzigen schwarzen Fruchtkörpern, auf Blättern vieler Obst- und Gemüsearten, wie Erdbeeren und Sellerie, entstehen. Ein Befall ist selten gefährlich. Erkrankte Blätter entfernen, um eine Ausbreitung zu verhindern.

14 BLÜTENWELKE
Die Krankheit befällt zahlreiche Obstbäume und tritt verstärkt in einem feuchten Frühjahr auf. Meistens welken die Blüten und werden braun. Ursache ist ein Pilz, der auch in das Fruchtholz eindringen kann. Dadurch sterben Blätter ab oder es entstehen krebsartige Wucherungen an den Ästen. Befallene Blüten, Äste und Früchte werden sofort entfernt, um eine Ausbreitung zu verhindern.

15 WURZELFÄULE
Die Pilzkrankheit tritt an Gewächshausgurken und -tomaten häufig auf. Sie befällt die Stängelbasis und bringt die ganze Pflanze zum Absterben. Erkrankte Exemplare vernichten und für gute Gartenhygiene sorgen.

16 MEHLKRANKHEIT DER ZWIEBEL
Gelbe und welkende Blätter sowie ein weißer, dichter Pilzrasen sind Anzeichen, dass Zwiebeln, Lauch und Knoblauch infiziert sind. Dauersporen sind jahrelang im Boden, weshalb man infiziertes Erdreich nicht verteilen sollte.

17 FEUERBRAND (meldepflichtig!)
Die Bakterienkrankheit sucht Äpfel und Birnen heim. Blätter welken und werden braun; auch die innere Rinde kann befallen werden. Infizierte Stellen sofort herausschneiden.

18 KRÄUSELKRANKHEIT
Auf jungen Blättern bilden sich blasig aufgetriebene Stellen, die sich kräuseln; später sind sie von weißen Sporen bedeckt. Zum Winterende und zwei Wochen danach ein Kupfermittel spritzen. Krankes Gewebe entfernen.

19 KRAUT- UND KNOLLENFÄULE
Sie tritt vor allem in warmen, feuchten Sommern auf und befällt Kartoffeln oder Tomaten (*siehe S. 184*). Zunächst welkt das Laub, später werden die Knollen infiziert. Kranke Blätter vernichten und Kartoffeln früh ernten.

20 KARTOFFELSCHORF
Es bilden sich braune Schorfstellen auf der Schale von Kartoffeln. In trockenen, alkalischen Böden sind die Symptome stärker ausgeprägt. Deshalb gut wässern und vor dem Ernten nicht kalken.

21 ECHTER MEHLTAU
Viele Nutzpflanzen, wie Erbsen und Johannisbeeren, sind anfällig für diese Pilzkrankheit. Bei Trockenheit tritt sie verstärkt auf und es bildet sich ein weißer Belag auf dem Laub. Die Pflanzen gut wässern und krankes Laub entfernen; evtl. Fungizid verwenden.

22 HIMBEERRUTENKRANKHEIT
An Himbeeren und Hybridbeeren entstehen violette Flecken mit weißer Mitte. Verursacher ist ein Pilz, der ganze Ruten zum Absterben bringen kann. Befallene Teile vernichten, den Rest mit Kupferoxychlorid behandeln.

23 ROST
Bohnen, Lauch, Birnen und Pflaumen sind anfällig für Rost. Anzeichen sind orange Pusteln an Blättern und Trieben. Infizierte Teile im Herbst vernichten.

24 SCHORF
Infizierte Äpfel und Birnen entwickeln auf der Schale kleine, dunkelbraune Flecken, die auf Blätter und Zweige übergreifen können. Die Pilze überwintern im Herbstlaub. Blätter wegräumen, resistente Sorten pflanzen.

BRENNNESSELBLÄTTRIGKEIT BEI SCHW. JOHANNISBEERE (*ohne Abb.*)
Das Virus wird von Gallmilben übertragen und verursacht verdickte Knospen und Kümmerwuchs. Infizierte Pflanzen verbrennen, virusfreies Material kaufen.

WEISSER ROST (*ohne Abb.*)
Es treten weiße Pusteln an der Unterseite von Kohlblättern auf. Das Laub wächst mitunter verkrüppelt. Infizierte Blätter oder stark geschädigte Pflanzen entfernen. Widerstandsfähige Sorten pflanzen, Fruchtwechsel praktizieren.

ERDBEERVIREN (*ohne Abb.*)
Erdbeeren sind für eine ganze Reihe von Virusinfektionen anfällig, die von Insekten oder Bodenschädlingen, wie Älchen, übertragen werden. Symptome sind gelbe Flecken auf dem Laub, verkrüppelte Blätter und Kümmerwuchs. Infizierte Pflanzen müssen vernichtet werden. Zudem sollte man generell auf einen Fruchtwechsel umsteigen.

ZWIEBELHALSFÄULE (*ohne Abb.*)
Sie befällt oft gelagerte Zwiebeln, Schalotten und Knoblauch. Die Zwiebel wird weich und es entsteht ein grauer Schimmelbelag. Gelagertes Gemüse regelmäßig prüfen und befallene Exemplare sofort wegwerfen. Nicht an zwei aufeinanderfolgenden Jahren Zwiebeln in ein und demselben Gefäß kultivieren.

19

21

23

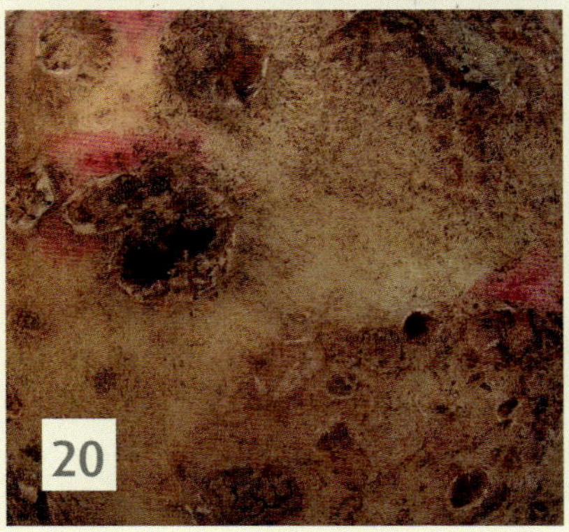
20

22

24

25 PFLANZENVIREN
Viren sind selbst unter einem normalen Mikroskop nicht zu erkennen, doch ihre Symptome sind unverkennbar. Meist verursachen sie gelbe Blattverfärbungen und Kümmerwuchs. Viren breiten sich im gesamten Organismus aus, ihre Symptome aber treten mitunter nur an bestimmten Stellen auf. Befallene Gewächse müssen vernichtet werden. Werkzeug desinfizieren.

26 VERBRÄUNUNGEN
Pralle Sonne und kalte, austrocknende Winde können ein Braunwerden von Blättern und Blüten verursachen. Besonders groß ist die Gefahr von versengten Blättern, wenn sich Wassertropfen darauf befinden. Wässern Sie daher nicht in den heißesten Stunden des Tages und beschatten Sie Gewächshauspflanzen.

27 BLEIGLANZ
Pflaumen, Kirschen, Aprikosen und Pfirsiche werden von dieser Pilzkrankheit heimgesucht. Die Blätter entwickeln einen silbrigen Glanz, Zweige sterben ab und an totem Holz erscheinen kleine, violette Fruchtkörper. Die Sporen werden im Herbst und Winter verbreitet, weshalb man kranke Äste im Sommer bis auf gesundes Holz zurückschneiden sollte.

28 SCHROTSCHUSSKRANKHEIT
Pflaumen und Kirschen können von verschiedenen Pilzen und Bakterien infiziert werden. Im Hochsommer bilden sich auf Blättern Flecken, die später vertrocknen und herausfallen, sodass Löcher in der Spreite bleiben. Insekten sind nicht zu erkennen. Gegenmaßnahmen hängen von der Hauptursache der Blattschäden ab.

29 KRAUT- UND BRAUNFÄULE
Freilandtomaten sind anfälliger für diese Pilzkrankheit als Gewächshaustomaten. Achten Sie auf braune Flecken auf den Früchten und nasse Fäule auf Blättern, die sich rasch ausbreitet. Infizierte Teile entfernen und vernichten.

30 *SCLEROTINIA*-FÄULE
Diese gefährliche Pilzkrankheit wird man nur schwer wieder los. Sie befällt Blattsalate, Gurken, Sellerie, Tomaten und Bohnen. Die Pflanzen werden gelb, faulen und schimmeln. Befallene Teile entfernen und vernichten.

VIOLETTE WURZELFÄULE
(*ohne Abb.*)
Dieser Pilz setzt Wurzelgemüse und Sellerie zu. Er tritt meist in nassen, sauren Böden auf und verursacht violette Fäden um die Wurzeln, die faulen.

25

27

29

26

28

30

Nährstoffmangel

Pflanzen brauchen ein ausgewogenes Angebot an Nährstoffen, um gesund zu bleiben, allen voran Stickstoff, Kalium und Phosphor, aber auch essenzielle Spurenelemente. Sie sind oft im Boden enthalten, aber »gebunden«, falls der pH-Wert zu hoch oder zu niedrig bzw. das Erdreich zu trocken ist. Es lohnt sich also, den Boden zu verbessern und die Pflanzen gut zu düngen.

1 BOR
Typische Mangelsymptome sind Aufplatzen und Verfärbungen bei Wurzelgemüse und Maiskolben. Ursache sind stark gekalkte oder trockene Böden. Borax mit Gärtnersand ausbringen.

2 KALZIUM
Stippigkeit von Äpfeln (*siehe S. 180*) und Blütenendfäule an Tomaten (*siehe S. 181*) sind typische Anzeichen für Kalziummangel. Regelmäßig wässern und saure Böden kalken.

3 EISEN
Blätter werden zwischen den Adern gelb und am Rand braun. Sauren Mulch und Eisenpräparate ausbringen.

4 MAGNESIUM
Magnesiummangel tritt häufig in sauren Böden, nach schwerem Regen oder bei Verwendung von Kalidüngern auf. Ältere Blätter werden zwischen den Adern erst gelb, dann rot, violett oder braun. Bittersalz als Blattdünger zeigt Wirkung.

5 STICKSTOFF
Außer Erbsen und Bohnen können alle Pflanzen Stickstoffmangelerscheinungen, wie gelbes Laub und langbeinigen Wuchs, entwickeln. Humus einarbeiten und Stickstoffdünger ausbringen.

6 KALIUM
Gelbes oder violettes Laub, braune Blattspitzen und schlechter Fruchtansatz an Tomaten und Kartoffeln zeigen Kaliummangel an. Kali- oder Tomatendünger verabreichen.

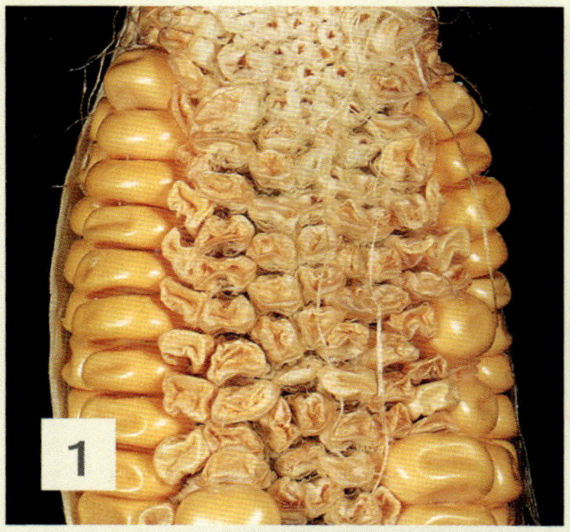

Register

S

Bildnachweis und Dank

Dorling Kindersley dankt Fiona Wild und Constance Novis für die Korrektur sowie Michele Clarke für die Erstellung des Registers.

Ferner dankt der Verlag folgenden Personen und Institutionen für ihre freundliche Genehmigung zum Abdruck der Fotografien:

(Schlüssel: o = oben, u = unten, m = Mitte, l = links, r = rechts, g = ganz oben)

Blackmoor Nurseries: 66g, 161ml, mr, ur. **Dobies of Devon:** 87gm, 93gm, gr, 101 gl, 103ul, 159umr. **DT Brown Seeds:** 163ur. **Marshalls Seeds:** 101mu. **Sutton Seeds:** 77ur, 101gm, 103uml, 167gr. **Thompson & Morgan:** 90r, 114/115m, 119uml, 153umr. **Victoriana Nursery:** 4gl, 117ul, mgl, 143ul, 149gr, 159gml.

Dorling Kindersley: Alan Buckingham: 4om, 27ur, 40g, 42g, 43ur, ul, 48ul, 51, 60gl, 61gl, 62gl, l, 63gl, 64gl, ul, 65gl, 67gl, ur, 68gl, 69ur, 77gr, 82u, 92mu, 93ur, mr, uml, umr, 95r, 106r, 113ul, 117gl, 134m, ul, 136ur, 137m, 139um, 142r, 158m, 167ml, 175l, 176ul, gm, gr, ur, 177ul, gr, 179gr, 180m, gl, ur, 181gl, mu, ur, 182ul, um, 183ur, 185gm, um, ur.

Cover
Vorn: Alan Buckingham
Hinten: Peter Anderson/Dorling Kindersley (lg)